为 学生

EMP●WER

WHAT HAPPENS WHEN STUDENTS　　OWN THEIR LEARNING

赋能

当学生自己掌控学习时，
会发生什么

[美]
约翰·斯宾塞
John Spencer

A. J. 朱利安尼
A. J. Juliani
著

中国青年出版社
CHINA YOUTH PRESS

图书在版编目（CIP）数据

为学生赋能：当学生自己掌控学习时，会发生什么 /
（美）约翰·斯宾塞，（美）A.J.朱利安尼著；王頔，董洪远译.
—北京：中国青年出版社，2019.1
书名原文：Empower: What Happens When Students Own Their Learning
ISBN 978-7-5153-5284-8

Ⅰ.①为… Ⅱ.①约… ②A… ③王… ④董… Ⅲ.①教学法—研究 Ⅳ.①G424.1

中国版本图书馆CIP数据核字（2018）第202255号

为学生赋能：
当学生自己掌控学习时，会发生什么

作　　者：	［美］约翰·斯宾塞　　A.J.朱利安尼
译　　者：	王　頔　董洪远
责任编辑：	肖　佳
文字编辑：	张祎琳
美术编辑：	杜雨萃
出　　版：	中国青年出版社
发　　行：	北京中青文文化传媒有限公司
电　　话：	010-65511272 / 65516873
公司网址：	www.cyb.com.cn
购书网址：	zqwts.tmall.com
印　　刷：	大厂回族自治县益利印刷有限公司
版　　次：	2019年1月第1版
印　　次：	2023年12月第4次印刷
开　　本：	787mm×1092mm　　1/16
字　　数：	100千字
印　　张：	10.5
京权图字：	01-2018-1865
书　　号：	ISBN 978-7-5153-5284-8
定　　价：	33.00元

目录
CONTENTS

前 言
FOREWORD

乔治·库里斯

最近，我听到了某位老师有关教育的一番言论。他认为"遵从"对学生来说是一件好事，甚至还认为学生应该做到"服从"。

这话有点惊到了我。

好吧，也许不是"有点"，而是"非常"。

首先，我们来看看"服从"一词的定义：

> 服从——遵守或愿意遵守命令或要求；顺从他人的意愿。

这就是我们希望学生做的吗？他们只需顺从老师的意愿？我们想要培养的，是一代代能够挑战传统观念、进行独立思考的学生，还是只会依照他人指令行事的学生？

我从未听说，有哪位老师想"服从"他们的校长。既然我们觉得"服从"是"黄金法则"，让学生们这样做，那么为什么自己不去遵守呢？

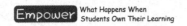
我们再来看看"遵从"这个词的定义。

遵从——同意他人的观点或遵守规则，尤指过度同意或遵守；是甘心接受的。

那么在教育过程中，让学生去"遵从"是一件坏事吗？也不全是。有些时候，人们必须要乖乖"遵从"。比如每年的报税季，你就必须遵从政府制定的法规。

作为教育工作者，有时我们也要遵从于自己的工作，不得不在截止日期前完成任务（比如成绩单）。

虽然"遵从"不是一件坏事，但它却不应成为教育事业的终极目标。我的想法是，我们需要跨过"遵从"，越过"参与"，最终实现"赋能"。

这些概念不仅不是相互分离的，我们甚至能在某种程度上，将其看作是一个连续体。

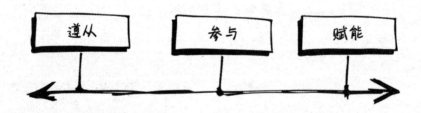

我们再说回"遵从"这个词。它真的是学校的终极目标吗？或许对于学校整体而言是这样的，但我认为，无论如何，最好的教育工作者总是会给予学生们一定的主导权。因为他们知道，如果你真的很擅长教师这份职业，在这项工作上做得很好，那么最终学生们将不再需要你。

正因为如此，"终身学习"永远都是教育的目标。如果我们的学生在走出校园后，只是一个"遵从"的人，那么他们常常需要遵守某些人的规定。为了培养"明日领导者"，我们需要今日就把他们培养成领导者。

为学生赋能，可能被一些人视为"散漫"。他们觉得，"为学生赋能"就是让学生在学校里恣意妄为。但我完全不是这么想的。

所谓"为学生赋能"，是指教他们表达出自己的观点并遵循自己的方向。但如果想取得成功，他们还需要有自制力（"自制力"一词的定义是："使自己能够以某种可控且习惯性的方式行事"）。"赋能"和"努力"并不矛盾。事实上，如果我们想在世上真正有一番作为，两者都是不可或缺的。

我很喜欢这句话：

努力不一定会成功，但不努力一定不会成功。

——吉米·瓦尔瓦诺

帮助学生找到属于自己的道路，而非我们为他们设定道路，这一直是教育的重点，但我们仍需对这一目标更加明确。

A. J. 朱利安尼和约翰·斯宾塞向我们充分地解释了为何在当今世界，为学生赋能不仅"重要"，而且"至关重要"。正如他们所说，这关乎我们思维方式的转变，其结果是学生们不仅会相信自己可以改变世界，而且也会因为我们的教育，最终将"改变世界"这件事付诸实践。

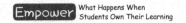
　　我们都想让自己的学生对教育工作者和同龄人保持尊重。我们都希望他们可以走出校园，受内在动机所激励，找到属于自己的通往成功和幸福的道路。有时，"遵从"也是其中的一部分，但它并不是终极目标。我们是要努力培养学生去适应这个世界，还是希望他们可以觉得，无论现在还是未来，自己都有能力去创造一个更加美好的世界？

　　　　只有那些疯狂到认定自己可以改变世界的人，才能
　　真正地改变世界。

　　　　　　　　　　　　　　　　　　　　——史蒂夫·乔布斯

　　你的教育成果取决于学生们所取得的成果。如果你能让学生们去改变世界，那么其实你也是在改变世界。

找到你自己的声音

FINDING YOUR VOICE

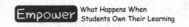

刚一上课，她就急忙向我跑来。

"怎么了，凯蒂？"

"朱利安尼老师，我想改一下项目。我真的很喜欢做一双自己的凉鞋，但我还是要更换项目。这样可以吗？中途更换项目会丢掉学分吗？"

我们在班里首次尝试推行了"20%时间"项目。所谓"20%时间"项目，是指允许学生们在自己喜欢或好奇的事情上投入自己20%的时间，在此期间他们必须学习，并在项目最后能够有所创造。

在项目进行的大部分时间里，凯蒂一直都很安静。当初开始介绍这一项目时，她也没有像其他同学那样兴高采烈。而对于这一项目如何评分，为什么我们要尝试不同的教学方式，凯蒂也没有询问太多。

事实上，自项目开始到现在，她都专心地投入在自己制作凉鞋的项目中。对她而言，这是一个很有意义的项目。所以，当看到她急切地想要更换项目时，我很是惊讶。

我回答道："没问题，可以的。但我觉得，你其实是很喜欢现在这个项目的吧。"

凯蒂解释道，这是因为她想学习手语。她的表弟是个聋人，她一直暗自许诺：等有了时间，一定要学习手语。

但由于一直忙于学业，凯蒂将这个计划拖了又拖。

而现在，她的表弟要来她家住上一小段日子——因为表弟的家里着了场大火。她十分同情表弟的遭遇，但凯蒂却感到很无奈，因为她从未学过手语，也帮不上什么忙。

而"20%时间"项目给了她新的希望：或许，她有时间在校内学习手语。

最后，我对她说："之所以进行这一项目，是因为我希望你们学习的目的能够不止于分数。在接下来的六个星期里，我会尽我所能，帮助你学习手语！"

但我对手语一无所知。

实际上，我对学生们所进行的大部分项目，都一无所知。

的确，他们在读、在写、在讲、在听，也在进行着创作。在最开始的时刻，我有一种无助感，因为虽然我是一名教师，但我并不是学生们所学内容领域的专家。

但是，当我看到很多像凯蒂一样的学生，非常积极地参与进来，而且是非常兴奋地去学习，我就继续推动着项目前行。对于凯蒂，我当时帮她对当地使用手语的群体进行了一番研究，同时，她也一直在YouTube频道上观看手语教学视频，甚至还和一个YouTube频道的博主进行了Skype通话。

她不仅是在学习，同时也在进行创作。她努力解决学习中所遇到的问题，想出可以学得更快的方法，还将自己的学习进展放到博客上与大家分享。

项目成果展示的那天到了，我们决定采取TED形式的演讲。我不是很确定，凯蒂是否做好了展示的准备。

那天，因为忙着安排场地，我没能注意到这一幕：凯蒂的姨妈和表弟走进了观众席，并向凯蒂致意。

在几位同学展示完之后，她缓步走上台前，和大家分享自己的学习之旅。

凯蒂比较害羞，所以一开始面对观众时，她表现得很紧张。而之后她和大家分享了自己为何更改了项目，下面的观众被她的故事所吸引。在演讲的最后，她告诉我们，她一直在努力学习歌曲《愿你翩翩起舞》①里的词汇，并希望能用手语把这首歌表演出来。

此时，歌曲开始播放，凯蒂开始了她的表演，霎时间，观众热泪盈眶。

我发现，自己已然沉醉于这位腼腆女孩在舞台上所表现出的情感和优雅。这种感觉令我永生难忘。

然而就在此时，这个美妙的时刻，技术设备突然坏了。歌声戛然而止，人们开始在诧异中轻声低语，四处张望。

随后，我花了五分钟的时间（其实只有五秒）忙手忙脚，想要解决这一问题。我钻到桌子底下，寻找辅助线路，然后我发现，观众们已经不再窃窃私语。

凯蒂开始自己清唱这首歌。她接着刚才音乐停止的地方，一边唱歌，一边用手语比画。

简直太美了。

泪水涌上了我的眼眶。就在她结束的那一刻，观众们纷纷起身鼓掌，

---

① 《愿你翩翩起舞》原名 I Hope You Dance，是美国歌手Lee Ann Womack演唱的一首歌曲，收录于其同名专辑当中。——译者注

台下掌声雷动。凯蒂脸颊微红，匆匆挥手告别，离开了舞台。

在第二天的课堂上，我们对这一项目及其最终呈现进行了圆桌讨论。每个学生都想知道凯蒂的成功秘诀。他们想知道，凯蒂是如何做到的。而她接下来的回答，使我非常难忘：

"我不想让表弟失望，也不想让每一位帮助我学习手语的人失望。但我觉得，真正让我撑下来的，是我不想让自己失望。在此之前，我从未在学校作业上下过这么大的功夫。我在课后和周末都花了很长时间来准备。如果当时我停下来的话，之前的努力或许就会付诸东流。真的，我不会允许自己停下来，所以我用其他的方式完成了这首歌。"

这个故事改变了我对教育的看法。多年来，我一直在努力激励、挑战他们，并吸引他们参与一些项目。

可如今，我们的位置调换了。

凯蒂激励了我，激励了班上的同学。她激励了观众，而她的故事也一直激励至今。

然而，这只是一个学生。我希望我可以说我的每一位学生，都在学校有过至少一次类似的经历。

但大多数学生并没有。

我从来都不是一个完美的老师。虽然我为凯蒂在那个项目中赋能，但我并没有为我所有的学生赋能。这样的为学生赋能的学习方式，我并没有将100%的时间投入其中。

但这是新的开始。

在这个项目完成之后，我转变了自己的焦点。这并不容易，而且其过程是混乱的。但这么做是值得的。为学生赋能成了我的目标，而给学生机会去追求自己的激情、目标和未来，则成了我的使命。

令人震惊的数字

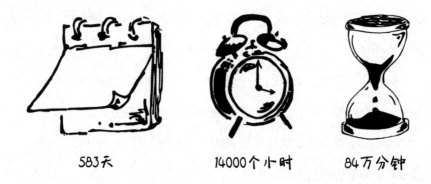

583天　　　　14000个小时　　　84万分钟

如果你成长于美国——或是教育结构与之相似的国家，那么一年当中，你可能有180天都在上学，每天会在校内度过6.64个小时，这样的日子将会持续12至13年。

无论你如何计算，这都已经超过了14000个小时（换算成分钟则是84万分钟）。

我们最好把平均每天在校内度过的那6.64个小时，也换算成分钟。

这么一算，平均每天就是400分钟。

时间如此之多，我们都在做些什么？或者（更为重要的）我们的学生都在做些什么？

我们并不是真的要问，学生在这14000个小时的在校时间里在学什么。对于这一问题，我们已经有了完善的记录。

我们都知道，学生在低年级时需要先学习基础的阅读、写作和数学技能，之后随着年龄的增长，开始学习世界历史、物理、生物学、代数及几何等课程。

在很长一段时间内，我们一直在用相同的模式学习相同的科目。这期间发生变化了吗？

当然。

我们是否可以说，此书大部分的读者所遵循的教育理念和一百多年前的传统教育理念差不多？

是的。

那么问题来了：在这些课上，我们的学生都在做些什么？

他们在记笔记吗？在听老师讲话吗？在为考试和测验而用功学习吗？他们在看屏幕上变来变去的幻灯片吗？在填写表格和信息吗？在温习知识、回答问题、查看教科书后面的答案吗？他们在撰写研究论文吗？在举手吗？他们在一天中有80%的时间都坐在椅子上吗？

他们是否在循规蹈矩，并且双眼无神地盯着时钟，尽可能地表现出自己"遵从"的一面，以博得成年人的欢心？

或者，他们又是否在积累知识技能，为的是追求自己的激情、兴趣和未来？

他们在做什么

如果你和我们一样，也成长于这种教育环境下，那么，你的大部分时间都是在积极遵从——你要努力适应这样的教育体系，其宗旨即是培养遵守规则、被动听从指令的人。接着，你毕业了。你还在等着别人告诉你该怎么做。

这是一种固定的模式：开始上学，然后遵守规则，接下来毕业，最后步入职场，成为一名"听话"的员工。

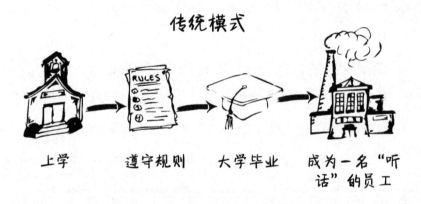

传统模式

上学　　　遵守规则　　　大学毕业　　　成为一名"听话"的员工

然而，时代已经变了。当今世界所需要的是积极进取的人，是能够制定决策的人，是设计师、创造者和梦想家。

正如作家、《纽约时报》专栏作者托马斯·弗里德曼[1]（Thomas L. Friedman）所说：

---

[1] 托马斯·弗里德曼（Thomas L. Friedman），美国新闻工作者、畅销书作者，著有《世界是平的》《世界又热又平又挤》等。——译者注

"这个世界只关心你能用自己的所知成就什么，也只会对此施以回报。对于你的学习过程，它一概不理。"

为什么我们要在校园花那么长的时间，在学校里遵守规则，然后等待他人告诉我们该怎么做？为什么我们很少让学生自行选择学习内容、学习方法、学习时间和学习目标？

这一问题的影响范围不仅仅在学校，它其实对成年人也产生着影响。我们在中小学期间如何度过那14000个小时，影响了我们世界观的形成。

你有没有遇到过这种人？他们并不热爱自己的事业，而只是游走于工作和日常生活之中。甚至，更悲哀的是，有多少人总是在不停地抱怨，对世间万物展现不出一丝一毫的热情？

我相信，和我一样，你也遇到过这样的人。不仅如此，我还在全国各地的学校里，看到了这些人是如何"诞生"的：这是一群"时刻准备着"的学生——准备着下一场考试、评估或年级水平测验……而只有等到毕业以后，他们才会发现，原来他们并没有真正地明白，自己的喜好究竟是什么。

他们感到困惑和迷茫。

这些学生从来都不能在学校学习自己想学的东西。他们被迫学习我们认为"最适合学生"的课程。他们发现，在这种学习模式里，自己很少有选择课程和学习效果的余地。

面对这样的现状，我们很容易去责备"教育体系"、政策制定者或者其他什么人。

不确定性

我们也可能会说，我们也经历过这样的教育体系，我们现在也还好呀。

但是，我们忽视了一点：学校不必非得如此，因为世界和学习本来就并非如此。

可是，你能做些什么呢？这可不像设计一门新的课程那样简单。你还有考试，有课程指南，有上下课时间表，有一系列的项目，而这些都将致使"遵从"凌驾于"赋能"之上。

但你仍然可以让学习空间发生变革，你仍然可以开展创新。

我们不必为了给学生不同的体验而去改变整个体系。

我们只需改变一件事。

我们需要改变自己的思想，使之从"遵从"（即"学生必须遵守我们

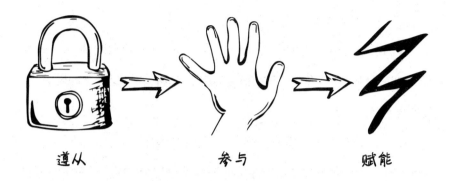

遵从　　　　　　　　参与　　　　　　　　赋能

的规则"）、"参与"（即"让孩子对我们所选的内容、课程和活动感兴趣"）变为"赋能"。

正如前"年度教师"获奖者（至今仍在任教）、作家比尔·福莱特（Bill Ferriter）所描述：

> 为学生赋能意味着给孩子提供知识技能，让他们追求自己的激情、兴趣和未来。
>
> ——比尔·福莱特

当我们为学生赋能时，这14000个小时便产生了新的目标：这些时间不仅和"我们想让学生学到什么"有关，更和"他们将从自己的行为选择（如创造、构建、设计、制作、评估）中学到什么"紧密相连。

这本书要讲的，就是这种转变。

大多数老师都会全力赞同这一观点，即"我们的学生需要更多地参与其中"。如果你问他们，"你想让自己的学生在课堂更加专注吗？"他们一定会毫无异议地举手赞同。

"参与"比"遵从"更加有力。

作为"参与中心"（Center for Engagement）的创始人，菲尔·施莱蒂（Phil Schlechty）将"参与"描述为两个关键因素的结合：高度关注、高度投入。

有了"高度关注"，学生们将专注于学习和他们所做的事。

而有了"高度投入"，便意味着他们会克服千难万险，学习新知，迎接挑战。

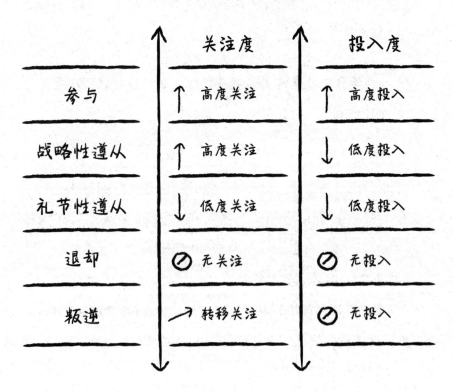

施莱蒂的参与层级

	关注度	投入度
参与	↑ 高度关注	↑ 高度投入
战略性遵从	↑ 高度关注	↓ 低度投入
礼节性遵从	↓ 低度关注	↓ 低度投入
退却	⊘ 无关注	⊘ 无投入
叛逆	↗ 转移关注	⊘ 无投入

尽管如此,"参与"只是这场战争的一半。

学生们一旦参与其中,便会专注于我们选择的内容和目标,全神贯注于资源、文本和被要求解决的问题。他们还会以我们所要求熟练掌握的方式,完成课程和评估。

那么,他们想要解决的问题呢?觉得有趣的话题呢?他们想要深入探索研究的领域呢?

他们的未来呢?在未来,他们必须走出自己的道路,决定应对何种挑战,把握哪些时机。他们会挣扎,会犯错,会不确定哪个方向是最好的。

所以,我们的目标必须要有所转变。

奠定基础

本书正是为这一转变奠定了基础。当我们从"为学生的下一步做好准备"转变为"帮助他们准备一切",我们便为他们开启了一个充满着各种可能性的学习世界。

我们的职责不是让学生们为"某件事"做好准备,而是帮助他们为"任何事"做好准备。

作为教师,我们要如何实现这一转变?

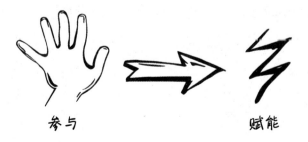

参与　　　　　　　　　　赋能

参与的环境	赋能的环境
专注并致力于我们的课程	专注并致力于学生自己的兴趣
"为自己今后的工作做准备"	"为任何事做准备"
老师努力"让课堂变得有趣"	老师努力"挖掘学生的兴趣"
你一定要学习_____	你想学习什么?
提供已知选项	激发潜在可能
循规蹈矩	走出你自己的道路
被评估	评估自己的学习
吸收消化	创造
差异化教学	个性化学习

也许,你在阅读此书的过程中会频频点头,认同书中的观点,而与此同时,你可能依旧有许多问题。别担心,这再正常不过了。其实,我们也曾多次问过自己同样的问题:

课堂管理该怎么办?

课程指南该怎么办?

还有，测试呢？

学校的结构体系又该怎么办？

这是我们的观点：对于我们想改变但无法控制的事情，我们不想去争论。

但我们会聚焦在我们能够控制和产生影响力的领域。

你的学生是否依然需要参加考试？是的。

我们是否会事先为学生设计课程？是的。

学生的学习是否看起来混乱？肯定是的。

学校是否仍有铃声响起，是否还在遵循着某种体系？种种迹象均在表明，是的。

但这并不意味着，我们需就此停下脚步。恰恰相反，这意味着我们可以在这14000个小时中我们能够控制与产生影响力的大部分时间里，去激发学习者的创造力和创新力。

关于课堂管理问题，让学生自主选择学习内容，你会看到，如果他们对学习内容很感兴趣的话，那么即使这一主题很有挑战性，他们也会十分专注。

教学要超越考试。让学生学习的目的不止于考试。当学生们在制作、设计、创造和评估时，他们所学到的将远超过考试所覆盖的内容。

课程和标准始终都很重要，但标准不应成为你创造赋能学习环境的阻碍。

标准是建筑师的蓝图。而作为老师的你，也是一名建筑师和设计师。

一旦你让学生也参与学习设计过程，将产生无限的可能。

汲取书中的理念吧，不必担心学年或课时这些结构体系。这本书会帮你构建为学生赋能的环境。

换言之，这本书是关于解决方案的。

我们会在书中正面解决上面提到的每一个问题，找到可以应对考试、课程及课堂管理问题的可行方案，从而为每个学生赋能。

对本书的正确理解	对本书的错误理解
想法之书	使用说明书
源自真实课堂的真实故事	基于研究的期刊文章
专注于解决方案	专注于问题
学生驱动型	教师驱动型
提出问题	回答你全部的问题
有趣、振奋	严肃、妥当

本书写给拥有好奇心的人

本书写给拥有好奇心的人，他们总是会提出许多难题，并且想对"从参与到赋能可能意味着什么"这一问题一探究竟。

本书写给拥有大胆创新想法的老师，他们的想法看起来不切实际，难以实现。本书写给等着被许可，才去赋予学生自主选择权的老师。如果你是这样的老师的话，那么，本书将向你挑战，请采取行动，请去赋予学生主导权。因为，不会有谁给你许可。

本书写给希望获得一些拿来即用策略的老师，写给想要建设以学生为中心的环境的学校领导者，写给想要走出自己的舒适区，尝试全新的事物的教师。

本书写给创新者

本书写给那些创新者及改写规则的老师们。

本书写给拒绝用自己所接受的教育方式进行教学的老师；写给已经在为学生赋能，让学生掌控自己学习过程的老师。

有些人，我不建议你阅读本书……

或许你已经注意到，这本书和大多数教师用书有所不同。

所以，我们要直截了当地说：本书并不适用于每一个人。

本书不适用于查找博士论文或期刊文章的人。这不是一本探讨学生主导型学习模式的教科书。

也不适用于认为自己是"为学生赋能"这一领域的专家的人。

不适用于认为学生就该循规蹈矩的人。

被赋能的学习者是这个世界的未来。他们如何度过自己的14000个小时不仅将决定着他们的未来，更决定着后代的未来。

准备好和我们一起加入这场赋能学习者之旅了吗？

我们迫不及待地想要看到你的学生的表现，因为你已决定做出转变，帮助学生为一切做好准备。

声　明

我们不是所有的问题都能解答。

我们仍有疑问。

无法给出一种神奇之法。我们也一直在实验中。

我们不会提供某种应用程序、系统或软件程序。因为，真正的改变源于内在。

坏消息是：书中没有使用说明。

而好消息也是：书中没有使用说明。我们在前行过程中一同编写。

你可以把本书视为我们发出的邀请函。我们邀你共同踏上这趟旅程，其间可能会充满错误以及让人困惑的时刻。

但请相信我们，这么做绝对值得。因为，当你为学生赋能，让他们掌控自己的学习时，奇迹就会发生。

第一章
一个故事：
一个掌控学习的学生变成
一个改变世界的教师

A SNAPSHOT OF STUDENT
OWNERSHIP AND A TEACHER
WHO CHANGED THE WORLD

这是八年级时的我（约翰）。如果你看不见我，那是因为我隐身了。

我喜欢这样。

"不被注意"是我的终极目标。比如一直保持低调，或者离童子军小队的人远远的。

我有一个朋友，他叫马特。我们俩可以说是如出一辙，都是书呆子。

对我来说，幸运的是，他每年都拥有很好的出勤。

所以我的学校生存之道是：找到一个朋友，和他一起待着，一起在雷达之下飞行。

这个方法屡试不爽——但直到有一天。

那天下午，他没在学校。不是什么大事，只是感冒了而已。但我记得，我看到一群群学生如海浪般涌动。那时我想，要是有人叫我和他在一张桌上吃午饭，该有多好啊。

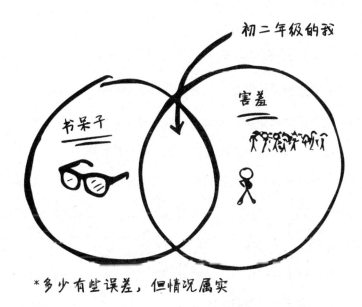

初二年级的我

书呆子

害羞

*多少有些误差，但情况属实

然而，没人叫我。

我等待着时间定格于此，因恐惧瘫坐一旁。最终，我把食物丢进了垃圾桶，自己藏到了浴室里。这可能是校内最隐蔽的地方了。

但结果就是：我的计划奏效了。没有人注意到我。这感觉很糟糕。

尽管如此，仍有两位老师——斯穆特老师和丹诺老师——把我看作一个"人"。

他们知道我关心社会公正问题、棒球及历史，于是邀我参加"历史日"（History Day）项目。

这一项目最开始很有趣。我必须要规划整个项目，跟踪自己的进度；必须要弄清楚该提什么问题，到哪寻找答案；必须要把话题缩小到自己关心的领域——综上所述，我的话题就是"杰基·罗宾森和棒球的种族

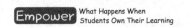
融合"①。接着，事情开始变得可怕起来。

我给新闻记者写了信，给退役运动员打了电话。我记得，当我拿起电话，我一边大声朗读着之前写好的稿件，等待陌生人的回复，一边颤抖着双手。我甚至还做了一个配有"幻灯片"的演讲（那时候你需要先把照片拍好，然后去药店，把它变成小小的塑料幻灯片）。

然而，当我在播音室里录稿时，最令人紧张的时刻来了。我需要播放这盘硕大的磁带，用剃刀剪切磁带内容，然后再用透明胶带把它粘到一起。我听着自己的声音，厌恶至极。

有一次，我把双手举高，说道："我不干了！"

但斯穆特老师却看着我的眼睛说：

"我不会让你就这样走开的。你的观点十分重要。如果你选择保持沉默，那么你从世界剥夺了你的创造力。"

这些话让我始终难以忘怀。

在我完成了这个项目以后，它依旧十分可怕。我不会忘记自己向同学展示项目成果的那一刻，童子军小队的一个成员开始慢慢地鼓起掌来。起初，我以为他是在嘲笑我。但当其他人也在欢呼雀跃时，我意识到了一件事——

---

① 杰基·罗宾森（Jackie Roosevelt Robinson，1919—1972），美国职业棒球大联盟现代史上的首位非裔美国球员。1947年4月15日，罗宾森以先发一垒手的身份代表布洛克林道奇队上场比赛，而在这之前，黑人球员只准在黑人联盟打球。虽然美国种族隔离政策废除已久，但无所不在的种族偏见仍在强烈地左右着美国社会的各个阶层。因此，杰基·罗宾森踏上大联盟舞台被公认为美国民权运动领域最重要的事件之一。——译者注

我不是隐形的。

随后，我又在州级和国家级的比赛中展示了项目成果。对我来说，这真是一段赋予我强大力量的经历。

而其中力量最为强大的部分，就是"主导权"。在那之前，我从未掌控过自己的学习。

这件事影响了我那一整年，甚至直到今天，也仍在发挥着它的效用。斯穆特老师影响了我的教学方法和为人父母之道，也影响了我平日里的创造性工作。

我成了一个与从小同的人，这并不是因为什么程序或者过程。而是因为，有一位老师，他看到了我自己看不到的东西。

这就是赋能。

我成了一名创客。

虽然当时的我并没有认识到这一点，但这段经历最终使我走上了教师岗位。

你能做的最有力量的事，就是为学生赋能。

换言之，他们会变得富有激情，会成为终身学习者，会准备好应对整个世界。

他们会培养起炫酷的极客兴趣

他们会成为问题解决者

他们将错误看作学习的机会

他们会形成成长型思维

他们会更具创造性

他们会学习项目管理

当学生自己掌控学习时，会发生什么？

他们将学会实验

他们培养出迭代思维

他们会为全球创新经济做好准备

他们会成为探索者

他们将学会跳出盒子思考

他们会成为拥有系统思维的人

他们会成为自我导向的人

第二章

不是让孩子为"某件事"
做好准备，而是帮助他们
自己为"任何事"做好准备

OUR JOB AS TEACHERS, PARENTS,
AND LEADERS IS NOT TO PREPARE
KIDS FOR "SOMETHING," OUR
JOB IS TO HELP KIDS PREPARE
THEMSELVES FOR "ANYTHING."

路易·布莱叶于1809年出生在巴黎东部的一个小村庄里。他是四个兄弟姊妹里最小的一个，父母都在村里做皮革制品。据大家所说，虽然小路易在三岁的时候遭遇了一场事故，但他仍拥有美好的成长经历。

在父亲的作坊里，路易尝试用一种名为"锥子"的工具在皮革上打洞。这种锥子看起来像尖尖的螺丝刀，它可以给皮带打洞，也可以做些类似的活计。就在路易用锥子扎向一块皮革时，锥子滑落下来，扎到了他的眼睛。他急忙跑去看外科医生，但医生却也无能为力，只好先用一块眼罩遮住他受伤的眼睛。几周以后，路易的另一只好眼睛也受到了感染。直到五岁，路易的双眼完全失明。

而因为年纪太小，路易并没有意识到自己已经失明了。路易的父母说，有时候他不知道失明是什么意思，便会问他们，"为什么天这么黑"。

路易的父母并没有向他隐瞒什么。他不仅没有被当作残障儿童对待，还学会了用父亲为他特制的各种手杖在乡间旅行。尽管双目失明，但他依旧没有停下学习、完善、创造的脚步。不仅如此，老师和当地村民也一直在学习之路上助他一臂之力。十岁那年，路易进入了皇家青少年盲人学校①（Royal Institute for Blind Youth）。

在那里，路易了解到了一种名叫"夜间书写法"（Night Writing）的沟通系统，其设计者是来自法国军队的查尔斯·巴比尔上尉。所谓"夜间书写法"，就是把一系列复杂的点和线压印在纸上，用于在没有光线、

---

① 皇家青少年盲人学校成立于1784年，是世界上第一所盲人学校，其创立者华伦泰·阿羽依（Valentin Haüy, 1745—1822）被后人誉为"盲人教育之父"。——译者注

没有声音的情况下进行交流，其规则十分复杂。

然而，就在路易·布莱叶15岁的时候，他不仅充分理解了这种理念，还开发出了自己的盲人阅读及写作系统，并将这一系统命名为"布莱叶系统"。

后来的路易·布莱叶又成了发明家、教授及音乐家。在此期间，他一直都在微调自己的"布莱叶系统"，直至1852年去世。尽管如此，布莱叶系统并没有在当时被广泛应用。直到多年以后，人们才将其视为一种能够适应世界各国语言的革命性创造。

为何为我们的学习者赋能如此重要

从路易·布莱叶的例子中我们可以看到，如果我们能在学习者解决重要问题、沉浸于与之生活有关的兴趣时，给予他们鼓舞激励，那么结果会大不相同。

有各种各样的理由，让路易·布莱叶的生活中没有创造、设计、发明。他的家境并不富裕。他从很小就双目失明。在他那个年代，教育被很多人视为一种"特权"而非正常的"权利"。

但路易的故事为我们提供了一个理由，我们需要聚焦在给孩子传授知识、技能，让他们追逐自己的激情、兴趣和未来。

既然决定做出转变，那就先从关于学习的六条真理开始。这六条真理将会为本书的后续内容奠定基础。

以下是关于学习的六条真理。它们将让你思考，并意识到为学生赋

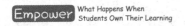
能的必要性。

真理一

每个孩子都应自主掌控学习。教师能够为学生赋能，让学生主导自己的终身学习。

真理一是我们教育学生的理由。教育是为了学生的益处。

但只有当学生自主掌控学习时，教育才能真正让学生获得益处。当我们给予了学生选择权，允许他们进行探究，培养他们的创造力，就会看到他们也可以做出惊天大事。

在学生主导权中，科技扮演着有趣的角色。他们把电子设备装进口袋，那里面拥有世界上的全部信息。这个设备可以让他们与任何人取得联系，让他们相互协作，让他们实现各种各样的创新目标。

作为教师，我们必须要接受这样一个观念：科技可以打开一个充满学习机会的世界，可以让学生把这些机会握在手中。

真理二

班里的每个孩子，都是另一个人的全部世界。为学生赋能能够改变我们的社交及人际关系。

真理二引用的是汤姆·默里①的话："班里的每个孩子，都是另一个

---

① 汤姆·默里（Tom Murray，1874—1935），美国电影演员。1922—1931年，汤姆·默里共出演13部电影作品，其中两部与查理·卓别林有过合作。——译者注

人的全部世界。"

如今，我（A. J.）的孩子也上学了。当我每天看见女儿离开家门去学校，这句话更是深深触动了我。当学生被赋能时，这种学习方式可以让我们通过沟通、协作、分享项目成果等，拉近我们之间的距离。

但这种学习方式的益处还不止于此。它改变了我们的社交及人际关系，使得孩子在学校拥有美好的一天。

真理三

故事常常会塑造我们，帮助我们学习。为学生赋能，让他们创造并分享自己的学习故事。

真理三和故事有关。

这是最佳的教学方法之一，也是我们最爱的学习方法之一。故事不但通过了时间的考验，还将继续启发、鼓舞人们学习和成长。

当今世界，讲故事的方式已然改变。科技让我们能够将故事分享至更广泛的人群，传播到更远的地方。一旦某件事开始"病毒式传播"，即说明这个故事已经引起了人们的共鸣。此时，故事的受众已经达到了数百万人，这是历史上的任何时刻都无法比拟的。而作为教师和学生，我们可以运用科技手段，改变讲故事的方式及我们的学习方式。

一段故事的真正力量有两个来源：一是从故事中有所领悟，二是把你的故事分享给受众及整个世界。被赋能的学习者知道，通过故事，他们能够去追求自己的激情和未来。

真理四

> 你唯一能为学生准备的，就是一个不可预知的世界。

真理四是我十分坚信且每次在大会或学校发言时都会说的。

就像之前说过的，作为教师，我们的职责是帮助学生自己为"任何事"做好准备。如果把它看作一个故事，那么我们就是向导，而学生是故事里的主角。

教师可以成为赋能学习者的向导，因为我们不必一直都做内容专家（特别是在内容不断变化时）。但我们可以和学生分享一项技能——懂得如何学习，这会帮助他们学习所有知识。

真理五

> 听说读写是一种学习，而学习是放下自己已学会的，
> 重新学习。

真理五基于这句名言：21世纪的文盲不再是那些不会读写的人，而是那些不会学习、不会放下自己已学会、不会重新学习的人。

在为学生赋能的学习环境中，放下自己已学会、重新学习是常态。在这种环境中，我们可以获取新信息，对其分析、应用，并用它来进行创造和评估。被赋能的学习者会乐意接受这种学习方式。

真理六

作为教师，我们对学生的生活产生了巨大影响，而为学生赋能可以将此种影响扩大。

真理六是我们所有教育工作者都知道的一点：我们会产生影响。我们能有所作为。这就是我当初选择进入教育行业的原因。它使我一直坚持到今日，甚至在最艰难的日子里也未曾动摇。

为学生赋能，所产生的影响力将超越教室，在我们的学生已经离校多年后，这种学习方式仍将对他们产生持续且强大的影响力。

当下的教育行业迎来了它的最佳时机。教育为我们的学生和未来众多机会之间架起了桥梁。我们不要做教育的守门人，而是要和学生们一起踏上这场旅程。

这六条真理可以帮助我们不去追随一时兴起的教育潮流，而是聚焦在真正能让学生拥有有意义的在校体验的工作上。

第三章

"为学生赋能"指给孩子传授知识技能，让他们追求自己的激情、兴趣和未来

EMPOWERING STUDENTS
MEANS GIVING KIDS THE
KNOWLEDGE AND SKILLS TO
PURSUE THEIR PASSIONS,
INTERESTS, AND FUTURE

技能   追求自己的激情

从"让学科变得有趣"

转变为"开发学生的兴趣"

高中时，我（A．J．）把大部分时间都用在了体育运动上（橄榄球和篮球），并有点害怕社交。我很少有机会在学校探索自己的兴趣，所以我对与学习相关的事情都有点抵触。甚至，当我们要在班里做点有趣或刺激的事情时，我都从来不会全身心地投入进去，也不会投入自己的业余时间。

在那个还没有谷歌的时代，如果我想探索自己的兴趣爱好，我就需要查找（并阅读）相关书籍或文章，接下来可能还要上网搜索。对于十六七岁的我来说，这似乎是项大工程（是的，我就是有点懒）。所以，我对任何活动都不太积极，就像很多学生那样，在学校里装装样子，走过场。

但我有一个叫弗里恩的老师。他是我最喜欢的老师之一，但他教的科目——数学——却是我最不喜欢的科目之一。跟英语语言及社会学课程相比，于我而言，数学从来都不是很轻松。所以，我通常也不会很努力，得过且过。在他的微积分预修课上，我十有八九都是在传纸条或者和别人说说笑笑、打打闹闹。

那天我们走进教室，发现弗里恩老师躺在书桌上。这看起来像一场玩笑，但最终我们发现，他的背部受了重伤。在余下的时间里，他就这样躺着上完了一节课，指着黑板，用码尺在上面指指点点。

大家都以为他会在第二天离开学校，回家休息。但当我们第二天走进教室，又看见弗里恩老师躺在书桌上，准备给我们上课。在生活中的某些特定时刻，你的思维会发生转变。虽然从那以后，我还是不喜欢微

积分预修课，但我再也不会在他的课上打打闹闹了——弗里恩老师即使
受伤了，也仍然每天都来给我们上课，而不是像我们大多数人那样，回
家休养。

整整一个月后，弗里恩老师才重新站起来，用立姿给我们授课。有
一天，他过来问我，愿不愿意选修第二年的计算机编程课。他教这门
课已经有几年了，但学生人数一直不多。他不确定这门课是否还能开
设起来。

我不知道要如何回答。我很震惊，他竟然以为我会喜欢这门课。但
我还是告诉他，我会考虑一下的。几天以后，我选了这门课。我的想法是，
就算我不喜欢这门课，也至少会有一位很棒的老师。

于是高三那年，我选修了弗里恩老师的计算机编程课。这门课非常与众不同。在此之前，我一直不喜欢研究数学方面的东西，但这门课却让数学和公式变得很有魅力。之前的考试，是要求一个正确的公式，从而得到证明的答案，但编程让数学变得生动起来。

我们学习了Pascal和Basic两种编程语言。虽然并不难学，但极具挑战。因此，我必须在课上集中注意力，课下多花些时间（比如在晚上或自习室）巩固知识。

由于这门课程只持续一个学期，时间是有限的，我们必须加快课程的学习步伐，然后创造自己的项目。在我看来，这其实是有利的。因为它为学习过程营造了紧迫感，从而让师生都更高效。

我最终创建的项目是运用编程语言开发一款橄榄球游戏。从外观到功能，这款游戏都与任天堂公司大名鼎鼎的特库摩橄榄球（Tecmo Bowl）[①]类似。

我在这款游戏上花费了大量的时间（以至于我根本不知道到底花了多少）。最终，我的橄榄球游戏并没有完全成型（连一局比赛都没有结束，更不用说半场或四分之一赛了）。但这款游戏的确有许多细节和功能跟特库摩橄榄球一样，而且，我和班里的同学都能轻松上手。

简直妙不可言！

就这样，我度过了余下的高中时光，尽管仍然有之前的恐惧与担忧，

---

① "特库摩橄榄球"是一款美式橄榄球街机游戏，由特库摩公司于1987年开发设计。该款游戏因其原创的街机形式大获成功，并被任天堂娱乐系统选为1989年的旗舰产品。——译者注

但我的学习观却被永远地改变了。进入大学以后，我把更多的时间放在了"业余项目"（side project）①上。其时间之多，是前所未有的。正是这段经历，使我成了你们所看到的这种学习者和教师。

正是因为兴趣，以及我需要创造出一个最终的产品，让我以飞快的速度自主地学习。弗里恩老师从来没有在编程课上想方设法吸引我的注意力。恰恰相反，他让创造过程成为我的工作动力，他为我赋能，让我成了一名创客而非仅仅是学习者。

学生的参与只是开始

我始终记得，弗里恩老师所做的一切，不仅让我投入他的课程中，更是建立起了师生关系，而这种师生关系是普通的对话无法完成的。我十分敬重弗里恩老师及其每天带来的课程内容。

当我在维肯萨中学（Wissahickon Middle School）执教的头一年，我有幸与一位名叫珍·史密斯（Jen Smith）的杰出资深教师共事。和她共事过程中，最棒的地方是她持久不变的目标：让学习变得吸引人。

我们都在同一个初二年级教务团队里教授英语语言艺术课程。每当我们开会讨论教学计划时，珍就常常会说："我们去年就是这么做的，但我想让它变得更好。为了让教学更吸引人，我们有什么可以运用的科技手段，或是其他什么点子吗？"

---

① 指学生程序员在业余时间从事的项目。一些曾经的业余项目如今已经闻名于世，如Gmail、Instagram等，甚至连Facebook早年也仅仅是一个学生的业余项目。——译者注

在我们开始"多多提问"（即LAUNCH循环①第二阶段）之前，珍会先让我们去"观察、倾听、了解"（即LAUNCH循环第一阶段）。有一次，我们在教文学手法上遇到了些难题。

于是，我们开始从学生的角度考虑，并由此提出以下几个问题：

为什么我们的学生会对文学手法感兴趣？

学习文学手法的最佳方法是什么？

在未经复习的情况下，评估学生学习情况的最佳方法是什么？

如何让学生了解在真实世界中文学手法的意义与运用？

就这样，当我们回答这些问题，回顾前几年的工作，我们开始逐渐"理解问题或过程"（即LAUNCH循环的第三阶段）。

一直以来，"文学手法"都被认为是枯燥无趣的。老师从来不会以一种令人兴奋的方式去呈现，只是将其作为初二年级必学的内容（以及全国标准化考试的要求）。

于是，我们开始集思广益，"探寻想法"（即LAUNCH循环的第四阶段），探讨如何以一种"人人参与"的方式进行教学。这时，我们的一位合作教师②给出了她的建议：她注意到，流行歌曲的歌词中总有各式各

---

① 这是指用设计思维进行教学的一个框架，具体可见《如何用设计思维创意教学：风靡全球的创造力培养方法》。——编者注

② 这里采取的是一种co-teaching的教学方式，中文通常译为"合作教学"或"共同教学"。这种教学模式于20世纪70年代兴起于美国，一般由一位教师主导教学，一位教师辅助教学，两位教师就某一主题或某一单元、领域的具体内容展开合作，互为补充，共同完成教学任务。——译者注

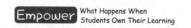

样的文学手法。

　　沿着这一思路，我们开始"创造产品原型"（即LAUNCH循环的第五阶段），即自己的说唱歌曲，并起名为"欢迎来到文学手法课堂"（Welcome to Your Lit Device Education）。我们竟然还给自己起了混迹说唱圈的艺名。在创作歌词的过程中，我们运用了多种文学手法。随后，我用"库乐队"①软件为歌词配上了节奏。接着，我们还"去粗取精"，一遍又一遍地修改歌曲和歌词（即LAUNCH循环的第六阶段）。前前后后忙活了好几个小时，我们终于完成了歌曲的录制和线上发布。最后，我们把这首歌分享给学生（即LAUNCH循环的第七阶段"现在是产品发布时间"）——他们不光歇斯底里地笑了我们，还说要把这首歌存到自己的iPod里，回家反复收听。这就是这首歌的网址：bit.ly/2qiezVy。虽然录歌这种事搞得我很尴尬，但回想起这段经历——和同事齐心协力，创作歌曲，解决教学问题，其实还蛮有趣的。

　　设计思维是一个伟大的开始，但这还远远不够。

　　我们热爱设计思维。我们特意为它写了一本书。我们无时不刻不在谈论。我们将设计思维运用于教学、领导和创造性工作。但设计思维只是一个框架，而这个框架，还远远不够。

---

① 库乐队是一款由苹果公司编写的数码音乐创作软件。这一应用软件并非以专业作曲为目标，而是为了使业余爱好者更容易制作音乐。——译者注

在课堂上为创客赋能

尽管学生已经全情投入，对学习文学手法表现了极大的兴趣，但珍不会让我们就止步于此的。现在，我们的学生也想用诸如"库乐队"、YouTube、Audacity① 等软件制作属于自己的播客、歌曲和视频。

这是一次飞跃

有段时间，我唯一的着眼点就是如何才能吸引学生。为此，身为教师的我们要让学习变得更有意义、更贴近实际、更具有社交性、更为人性化。我们不仅和学生建立起了联系，同时，为了获得"高度关注"和"高度投入"，我们还适时对他们发起了挑战。

可是，如果我们让学生制作属于自己的播客和歌曲，给他们时间去自我创造、屡败屡战，作为向导支持他们的工作，赞扬他们付出的汗水和一路的艰辛，那么此时，我们才算真正为这些学生创客赋能了。

当学生经过"LAUNCH循环"，将设计思维过程作为其创造性工作的框架，那么，他们就不仅仅是投入到他们所学中，同时也会对他们所创造的东西拥有极大的热情。

> 要想做出转变，单靠创造力是不够的。你还要让学生拥有主导权。

---

① Audacity是一款跨平台的音频编辑软件。——译者注

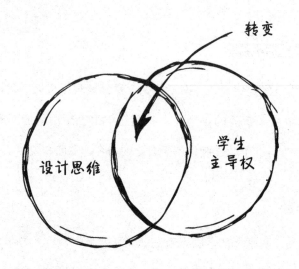

你愿意实现这一飞跃吗

作为一名学生，我早就对弗里恩老师钦佩有加。在背部受伤的情况下，他仍坚持躺在书桌上教学——整整一个月。但真正让我将他视为一名教师和向导的，是因为我们在计算机编程课上进行的课程、活动和项目。

同样，对于我们制作那首有关文学手法的歌曲所付出的时间和精力，学生觉得我们很搞笑。但当我们为学生赋能，让学生自己制作、创造、录制自己的播客和歌曲时，他们的学习发生了转变。

我希望，所有人都能和弗里恩老师一样，在吸引学生的基础上为学生赋能，最终影响学生的人生道路（就像弗里恩老师影响我一样）。弗里恩老师的许多做法——比如躺在桌子上教学，比如邀我选修计算机编程课——都对我产生了深远的影响。但我从未告诉过他这些。就像弗里恩老师一样，我们也可以改变学生的人生，即便我们可能不知道我们对他们的影响。

第四章

让学生选择是主导权
和赋能的核心

STUDENT CHOICE IS THE
HEARTBEAT OF OWNERSHIP
AND EMPOWERMENT

这是一场从"要求"到"渴望"的转变。

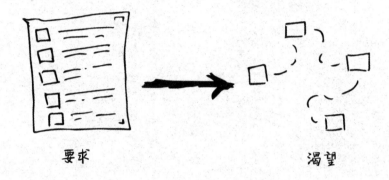

要求   渴望

年复一年，学生们陆陆续续地掉进传统教学"陷阱"之中。他们不仅少有在校内选择学习路径的机会，同时还会觉得，上学只是一项任务，而非一段最具价值的学习经历。

为此，我们对一些高中生做了一项调查。其中，有83%的学生觉得"压力山大"，67%的学生表示自己有一半时间都很无聊。此外，大部分学生都在摸索，如何才能在学校表现优异。他们对自己的前程感到担忧，担

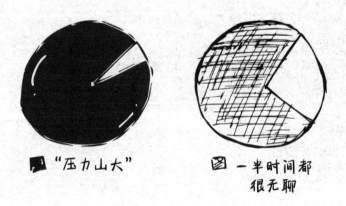

■ "压力山大"   图 一半时间都
                              很无聊

心自己无法取得优异的成绩、迈入心仪的大学。

最后，我们还对一些学生进行了调查。他们从未被给予机会在学校寻找、开发自己的激情，并且对于自己的一生想要做什么感到困惑——因为在长达十二年的中小学教育中，一直都是别人为他们做好选择。这些学生中很多最终选择了自己认为"安全"或"务实"的工作领域，但即便如此，他们却对这些工作一点也不感兴趣，根本无法投入进来。

你有没有见过不喜欢自己工作的成年人？我就见过很多。其实这也不全是他们的错。在目前的教育体系下，很多成年人都没有机会通过学校教育找到自己的激情所在。他们反而发现，要想得过且过，最好的办法就是一直得过且过。

要想即刻改变这种教学现状，我们只需在其中加入一项关键因素：选择。

为什么让学生拥有选择权如此重要

"选择"的覆盖面很广，包括让学生选择学习内容，选择校内外参加的活动，选择进行何种评估，选择自己的学习目的等。

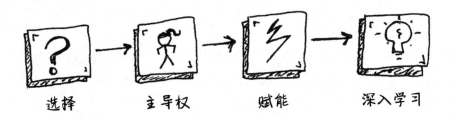

选择　　　主导权　　　赋能　　　深入学习

"选择"使学生可以自主掌握学习，最终实现内在、强大、深入的学习。

我（A.J.）就亲眼见证了这种变化。为了让学生可以自主选择，几年前，我们实施了一项名为"20%时间"的项目。这一项目最早来源于谷歌公司，是指公司会给工程师20%的自由时间，让他们去做自己喜爱的工作。和谷歌公司一样，我也给了学生20%的课堂时间，让他们对自己感兴趣的内容进行了解、研究、制作和创造。

起初，很多学生对选择感到迷茫。他们很难在缺少明确说明、指导的情况下找到自己的前进道路。但最终，他们还是迈出了第一步，即开始了解自己感兴趣的事物。而他们需要创造的产品，成了每个人深入学习的目的。

但在赋予学生自主选择权时，我们也不必每次都要有"20%时间"项目或是"天才一小时"那种纯粹的自由。

这是因为，限制往往能激发更多的创造力，从而实现创新突破。

例如，怎样上好"光合作用"这堂课？首先，你要为学生提供多种可选的内容，让他们了解相关的基础知识。之后，再让学生运用视频制作、口头演讲、播客访谈、信息图表（手绘或电脑制作均可）等形式，展示自己都学到了什么。

让学生拥有选择权，就赋予了学生主导权和自治权，即便在有所限制的情况下，也是如此。

学校教育不只是"尝试新鲜事物"

《让天赋自由》（*The Element*）的作者肯·罗宾逊爵士（Sir Ken Robinson）[1]讲过这样一句名言："如果你能发现自己的才能和激情，那么在某种程度上，你便能抓住机遇。举个例子，如果你从未有过航海经历，从未拾起过一种乐器，从未试着去给别人上过小说课或是自己动笔写，那么，你怎么会知道自己还有这些才能呢？"

很多教育工作者（包括我自己）认为，教育是一座连接个人和喜好的桥梁：它可以让人一辈子做自己喜欢的事，也可以让人一辈子都喜欢自己所做的事。

可问题是，我们往往不是"鼓励"学生尝试新鲜事物，而是"要求"他们尝试新鲜事物。这话也许听起来大同小异，但实则截然不同："鼓励"可以扩大选择范围，肯定学生的主动性；而"要求"只会限制选择范围，致使学生愈加言听计从。

对此，戴尔·卡耐基这样说道：

"我很喜欢吃草莓和奶油，可是我知道，鱼爱吃小虫。"[2]

---

[1] 肯·罗宾逊（Ken Robinson），英国华威大学教育学教授，全球知名教育家。2003年，因具有杰出贡献而被英国女王伊丽莎白二世封为爵士；2010年，出版代表作《让天赋自由》；2017年，该书简体中文版正式发行。——译者注

[2] 经查阅，此处前后文如下：到了夏天，我常常去缅因州钓鱼。我很喜欢吃草莓和奶油，可是我知道，鱼爱吃小虫。所以，每当我钓鱼的时候，我不会想我想要什么，而是想它们想要什么。我不会以草莓或奶油作饵，而是在鱼钩上挂一只蚯蚓或蚱蜢，然后说："你不想吃它吗？"（选自《卡耐基的说话之道全集》，中国文史出版社2013年版）——译者注

我们不能预测什么可以吸引学生的注意力，我们不能为学生选择内容。如果学生没有机会主导自己的学习，我们就不能强迫他们对学习保持高度的关注和投入。

"选择"使学生可以抛出属于自己的鱼竿，挂上自己选择的诱饵。学习亦是如此。学习并非是强加于学生身上的外部因素，而是与好奇和探究有着天然的联系。

其实，要想重新改造学校，我们不必推倒整个教育体系，从头再来，或是摒弃其中行之有效的部分。相反，我们要做的是改变教学重点，从"约束严谨"（rigor）转为"活力四射"（vigor）。

让学生拥有选择权，无论这种选择权是完全自由的还是有限制的，都将促使学生进行深入学习。

记住，这种转变并不困难：作为教师，我们的职责不是帮助学生为"某件事"做好准备，而是帮助他们自己为"任何事"做好准备。让学生自己选择，看看他们能做到多好。

第五章

不要给学生学习的地图，
而是帮助他们创造自己的地图

IT'S NOT ABOUT GIVING THEM
A ROADMAP FOR LEARNING.
IT'S ABOUT HELPING THEM
CREATE THEIR OWN MAPS

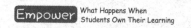

我们要从"提供选择"变为"激发可能"。

那是我（约翰）执教的头一年，我有一节非常重要的课需要准备（可能是整个学年最重要的一节课）。为此，我忙活了好几个小时，修改了教学过程中的每一处细节，直至从头到尾找不出一点瑕疵。

从表面上看的确如此。

但突然间，正当我步入整节课的第三阶段时，现实为我敲响了警钟：这节课实在是烂透了。学生没有被我的课所吸引，不想做什么南北战争报纸。

有些学生表面看来十分投入：他们的确在悉心倾听，回答讨论问题，参与课堂教学。在他们当中，甚至还有学生对绘制南北战争时期的政治漫画感到兴致勃勃。不过我知道，这节课还是少了点什么。

我的学生没有自主掌控学习

当时，我把教学看作是一种内容交付系统。那时的我曾没日没夜地创造各种有意义、有趣且富有挑战性的内容。每当我觉得学生对这些内容提不起兴趣时，我便会试着用更幽默的话语或更流行的文化对其进行包装。

但这始终都是我的内容，我始终是内容的提供者。

请不要误解我的意思。学生的确完成了项目，但这些项目都是每个单元结束时的项目。说实话，这并不是真正的项目。从格式到策略，从进度到风格，我都做出了严格的规定。我给学生提供了非常详细的项目

内容交付模式

内容

学生

指导文件，我从来没有考虑过学生可以自己做出选择。

我想让学生知道他们该做什么。因此，我为他们提供了明晰的指导，告诉他们应该怎么做。然而，我却忽略了一项至关重要的因素：选择。

如今回过头来，我才认识到：原来这些项目的全部都只和"我"有关。

我的意思是说：

资源是我选择的。

内容是我选择的。

问题是我提出的。

指导是我撰写的。

项目进度是我管理的。

任务是我选择的。

目标是我设定的。

标准是我筛选的。

校长可能会
因此批评我

我无法预测我们
的前进方向

学生可能
在考试中
表现不佳

我们的所作所为可能
不符合既定标准

我害怕这些

我们的声音
可能太过嘈杂

孩子可能始终在闲聊

事情可能会变得杂乱无章

孩子可能会分心

我们可能会
占用太多时间

我无法追踪学生的进度

学生可能会
停止学习

从头到尾都像是一场赌博

格式是我决定的。

工作做得好与不好，全都得听我的。

换言之，是我提前选择了一切。

我很害怕。

虽然我（约翰）想让学生创造性地掌控学习，但我也很害怕。我相信，让学生拥有选择权是对教学有益的，但我的脑海里，还是有着太多太多的困惑。

游客陷阱

回过头来，我发现自己就像是一位导游，带领学生浏览各种内容。每节课就像是一个精心准备的演示，我会让我的学生感到开心，给他们指出有趣的地方。有些学生可能会提出问题，有时我们甚至还会讨论一下。

可是从始至终，我们都一直坐在观光大巴上，寸步未离。我们严格遵守课程指南的路线图，每隔几天我们到达一个新的地方，学习新的内容，实现新的目标。

当学生感到无聊时，我会加倍增加教学中的娱乐因素。当他们感到困惑时，我会简化自己的课堂解释。但他们和我一样，都以同样的速度，朝着同样的方向，行驶在同样的路上。

而我，就是驾驶这辆"教学大巴"的司机。

我是一位"导游教师"

准确描绘我日渐后退的发际线

微笑：全班只有我一个人很兴奋

路线：我决定了步伐和进度

相机：我是唯一记录学习过程的人

腰包：我来选择资源

地图：我选择了目的地

高筒袜：我想和学生打成一片，但现在的我就像穿了高筒袜再穿凉鞋一样，土里土气又格格不入

然后，一切都变了

每天，我都要上三个小时的社会科学课，我们没有具体的课程指南。

一次，我问了学生一个简单的问题："你们想做些什么？"

经过了简短的课堂讨论，我们决定进行一个有关移民的纪录片项目。学生先是分成多个小组，对这一话题展开研究。随之而来的，是教室里的一片嘈杂。为了回答学生的一些疑问（比如怎样进行采访、怎样拍摄视频、怎样讲好一个非虚构故事等），我开设了几节"微课"①。此外，我还和学生进行了一对一会面，探讨如何寻找更为可信的资源。我们在一个共享文档上反复来回地共享纪录片的脚本。

但项目进展得并不顺利：有些学生没有完成自己的工作任务，我们也没能把项目成果展现给真实的受众。在此之前，一些学生的表现极为出色。但就在此时，他们却表现出了一种前所未有的沮丧和担忧。他们从未经历过这种失败。甚至还有些孩子，在问题得不到解决时忍不住哭了出来。

但尽管如此，在混乱的过程中，产生了一些新的东西。

我的学生发生了改变。

那些从未交过家庭作业的学生，开始自发地在社区拍摄有关移民的视频；那些从未在课上提问的学生，开始向被访者提出刁钻的问题；那些曾亲口跟我说"我不是很有创意"的学生，开始画故事分镜图、剪辑视频。

通过录制采访、增加脚本、搜寻视觉材料，并与其他团队通力合作，这些学生制作出了一部纪录片。

不仅如此，学生也得到了赋能。他们热情满满，激情澎湃。他们就是创客。

一切都变了！

---

① 微课（mini-lesson），是一种持续时间短、主题集中、能够灵活满足学生学习需要、及时反映时代发展动态的小型课程。——译者注

这其中的"秘密元素"不是新的创客空间或者炫酷的工作室（这些学生就是用自己的手机拍摄的视频），这里的"秘密元素"是自由。没有课程指南，我们无法按指定道路前行。尽管前方道路崎岖不平，但对我们来说，却仍是一次史诗般的冒险。

接下来的整个夏天，我分析了我课堂的每一个环节，提出了这个问题：

我为学生做出了哪些他们本可以自己做出的决定？

这个问题值得我去低头反思。我突然意识到，就在我疯狂工作之时，我的学生却倍感无聊。接着，我改变了课堂里的一切——班规、上课流程、教学策略、课程指南、课程项目、教学评估，不一而足。

一切的一切都变了。

我下定决心，我们可以不按指定道路前行。为此，我列出了几项可行性方案。以下是我的主要想法：

一、学生应决定目的地

相比于遵循相同的、严格的学习路线，我会让学生自行选择课程内容。让他们依据自己的兴趣爱好，定下自己的学习主题及次主题。

虽然我也知道，为了契合学校的教学标准和课程规划，我还是要讲授具体的教学内容。但我很快意识到，所谓"课程指南"，就像是一份地图。地图应该是要去激发各种可能，而不是限制选择。关于这一理念，我们稍后会在本章进行探讨。

二、鼓励学生提出问题

相比于回答一系列既定问题，应允许学生基于自己的好奇心提出自己的问题。有时，他们可以独自探寻一个问题；有时，他们可以相互提问，以小组的形式共同探寻想法。要让他们掌控探究这一过程。

三、让学生设定节奏

学生可以根据自己的节奏学习。有的人很快就能火力全开，有的人则需要花些时间了解新的领域。不会再有某人落后的情况，学习也不再是一场比赛或竞争，而是一场史诗般的冒险。

四、让学生选择工具

不用再要求学生必须完成某些具体的工作，他们可以选择任何他们觉得有用的工具。可能有的学生需要记事卡片，而有的则更偏爱电子表格。他们可以选择使用什么工具，并决定项目的策略。

五、让学生选择学习目标

虽然整个班级拥有共同的学习目标，但学生也可以依据他们丰富学习内容的需求，选择额外的学习目标。

在你的课堂中，谁是学习的驱动者

我之前是害怕的。

我怕他们从此变懒。但恰恰相反，他们的学习热情更高了——因为他们在意自己所做的事情。我怕他们感到困惑，然后放弃。但恰恰相反，他们承担了更多的创造性风险。我怕我们无法达到全部标准。但恰恰相反，学生花了更多的时间去磨炼他们所需的技能。我怕学生考试考砸。但恰恰相反，他们的成绩一直保持优秀。

但这套方案也并非始终尽如人意。我也有过中途失败的项目。有时，我也会用力过猛，像父母对待自家孩子一样，给学生提供过多的帮助。有时，我的学生也会无法完成项目。有时，即便是在最好的状况下，有些学生还是缺乏动力。

即便到今天，我的这一方案仍然处在不断的摸索当中。我依然在课上讲得太多，依然做了太多决定，依然很难让学生学会自我管理。但我坚信，这些问题终究可以解决：让学生在学习过程中享有更多的话语权和选择权，由此赋能于学生。

那么，课程指南呢

放手前行固然重要，但现实问题也摆在我们面前：我们必须遵循相应的课程指南和规定。我们中的大多数都处在一个工厂式的标准化教育体系中，而这里的所有学生，则应该在相同时间、沿着相同道路、以相同步调去做相同的事。

换言之，这种教育体系不是为"史诗般的冒险"设计的，但这也是你可以发挥创意的地方。可能你的课程指南会告诉你，你需要在特定时间达到特定标准，但这仅是起点。有时你还必须找到其中的"隐藏机会"。

我们的意思是说：

1. 对于一些标准，并没有对内容有具体的要求，就可以让学生选择主题。

2. 在学生练习语言技能、解决数学问题的时候，也可以告诉学生，通过提问与研究，可以让他们有机会更深入到学习内容中。

3. 尽管课程指南规定了达到某个具体标准的进度要求，但这并不意味着学生不能练习其他的某项标准，来实现熟练掌握。

4. 记住，课程规划只说了必须教什么，却没有告诉你不能教什么。可以让学生选择标准，并练习自身迫切需要的技能。

学生一旦选择了学习路线，便能学会如何驾驭自己的学习。

想象你是一名学生……

想象你是一名初二年级的学生。你在学习科学课。在这一单元，你不仅可以了解到"科学方法"，还能学到力和运动的相关知识。如果是在别的班上这节课，其场景无非就是老师在台上做幻灯片演示，学生在下面记录笔记。然后，老师会示范怎么做实验。再然后，每位学生会遵循食谱一般的实验流程，写下大同小异的实验报告。

可你们班却有所不同。在你们班上，整节课都会先从问题出发。你会围绕课堂目标提出诸如速率、运动、重力等问题，还会和同学组建四人小组，一起进行研究。此时，你还能按照自己的步调和知识水平进行信息阅读。即使在阅读时遇到了困难，你也可以向外界寻求帮助，比如观看解释科学概念的系列视频。有一回，你的老师还在你身旁亲自作出指导，帮你了解课本中的一些重要知识点。

在此期间，你们小组制作了一段短视频——这段视频解答了你们探究的一个问题。经过了一段时间的探索研究，老师布置了一项作业，你将要完成过山车模型的设计。你将应用自己在研究中所学到的知识，进行测试，阅读更多的信息文本，然后运用这些理念，创建新的模型。最后，你们将在班里组织一场比赛，看看究竟哪辆过山车表现最好。

第六章

让学生拥有主导权
是一种思维模式

STUDENT OWNERSHIP IS
A MINDSET

这是一种从"遵从型思维"到"自我导向型思维"的转变。

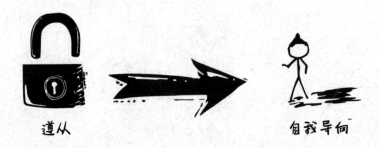

遵从　　　　　　　　　　　　　　　自我导向

就在不久前，你依然在"遵从"他人给出的既定方案：努力学习，考上大学，毕业后努力工作，事业步步高升。

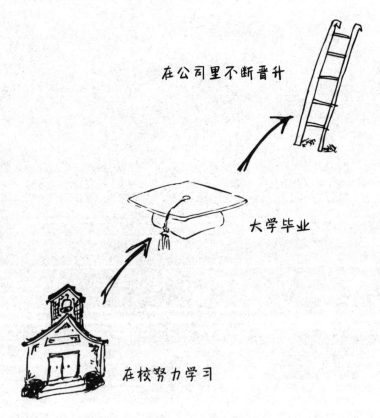

在公司里不断晋升

大学毕业

在校努力学习

这其中无关选择、激情或是兴趣，而是关乎"遵从"。

但世界在发生改变

如今的我们，生活在一个许多现存工作都将被机器人和人工智能取代的时代。得益于国际上的互联互通，公司可以一直将其劳务外包给其他国家。公司的官阶将不复存在，取而代之的是一间复杂的"迷宫"。

而我们的学生即将进入的，就是这样一个劳动大军。在这里，"不稳定"是一种新的常态。他们必须要变得自我主导，变得有原创性和创造性。只有这样，他们才能驾驭这一迷宫。

这真是一个可怕的事实。

但是……

这其中也蕴藏着机遇。诚然，规则已经改变。但这也意味着，我们的学生可以重写规则。

我们经常听到这种说法：学生以后从事的工作，是目前还不存在的。

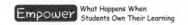

但这也揭示了另外一个现实：我们的学生将成为这些工作的创造者。

在这些学生当中，并非人人都要创立下一家谷歌、皮克斯或是来福车①。比如，有些学生会成为工程师、艺术家或者会计。此外，有些学生会在科技领域工作，有些学生会在传统企业里工作，还有些学生会进入社会或民生领域。但无论这些行业领域有多不同，终有一天，他们将面临一个共同现实：为了适应这个瞬息万变的世界，每个人都要像企业家一样思考。他们或许不必创立一家公司，但他们必须"创造"及"再次创造"自己的工作。只有这样，他们才能保证自己不被时代所淘汰。换言之，这些学生需要保持灵活多样。

因此，我们在过去的几年里采访了来自各行各业的企业家。每次，我都要问他们两个问题：你希望在学校里学到什么？你觉得身为企业家的必备技能是什么？随着时间的推移，我们开始相信，这些问题的答案并不关乎一系列可以学到的技能，而是更多地和思维有关。那么，"像企业家一样思考"到底是什么意思？

最常见的回答是：你必须要成为自我启动者。

并非每个学生都能成为企业家，但终有一天，他们要像企业家一样思考。

换句话说，企业家之所以能够脱颖而出，是因为他们不会去等待时

---

① 来福车是一家总部位于美国加州旧金山的交通网络公司，其主要职能是开发连接司机和乘客的应用程序，提供载客车辆租赁和实时共乘的共享经济服务，与我国的"滴滴出行"比较相似。——译者注

机，不会把希望寄托于外界，也不会指望有谁可以指导自己。他们是能把想法变为现实再变为生意的自我启动者。他们定下了自己的规矩。

但他们也并无特殊之处。其实，就像亚当·格兰特[①]（Adam Grant）指出的那样，他们和你我一样，都会担惊受怕。但是——注意，重点来了——相比于失败，他们更害怕的是，如果自己没有追求某一想法，会产生怎样的后果。

学生需要成为自我启动者。

至此，事情还没有结束。开始是一回事，完成又是一回事。随着人们的兴趣逐渐减少，许多伟大的想法都仅仅存活了几个月。

如果说，身为自我启动者的你需要在一团混乱中激发创新，那么，身为自我管理者的你则需要知道怎样才能笑到最后。

学生需要成为自我管理者。

缺乏自我管理的自我启动就是工作无法完成

未完成的工作

---

① 亚当·格兰特（Adam Grant），1981年生于美国密歇根州，美国心理学家、作家，宾夕法尼亚大学沃顿商学院教授，主要研究方向为组织心理学。同时，他也是该校最年轻的终身教授。——译者注

缺乏自我启动的自我管理就是工作缺乏创新

通常,我们会用"自我导向型学习者"这种词来描述类似的思维模式:这个词既包含了自我启动者,也包含了自我管理者。

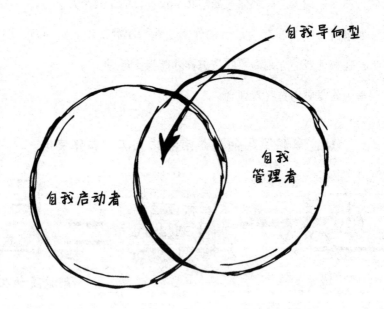

所以,我们来探索一下自我导向型思维的两个重要组成部分。

第一部分：身为自我启动者的学生

我曾教过一名初二年级的学生。虽然她只学了三年英语，但已经创作了四部网络小说。在课堂空闲时间，她会研究如何为邮件列表设置"潜在客户磁铁"[①]。此外，她还会阅读博客文章，学习如何为小说情节安排更多悬念，如何通过具体活动体现人物性格，而非仅仅流于表面。

这就是自我启动者的样子。

我还教过另外一名学生。早在六年级时，他就已经通过"喵爪"[②]自学了编程。此后，他又在一位老师的帮助下一路走来，成了家里的第一个高中毕业生。而如今，他还在继续攻读工程硕士学位。

这也是自我启动者的样子。

但我也教过其他类型的学生：他们极具天赋，却从未追求过自己的梦想。他们在等待一份永远也不会到来的邀约。他们遵规守纪，表现良好，可他们偏偏不是自我启动者。因此，他们就这样年复一年地等待，等待着永远也不会实现的邀约。

那么，我们要如何鼓励学生成为自我启动者呢？

---

① "潜在客户磁铁"（lead magnet），营销术语，指商家为吸引用户所采用的好处或诱饵，如电子书、优惠券等。——译者注

② "喵爪"（Scratch）是由麻省理工学院媒体实验室"终身幼儿园"（Lifelong kindergarten）团队开发的一套计算机程序开发平台，旨在让程序设计语言初学者不需先学习语言算法便能设计产品。——译者注

一、激励学生

一旦某件事和学生关系重大，他们便会积极参与其中。这话听起来简简单单，但实则任重道远。身为教师，我们要发掘学生的兴趣和激情。同时，我们还要让学科知识尽量地通俗易懂。只有这样，学生才能敢于上手学习。而如果他们对课上学到的某个想法感到兴致勃勃，便会有神奇的事情发生：他们会在家中继续研究这一想法。

二、为自我启动创造机会

在课程表中划出特定的时间段，使学生可以"自主启动"学习。在这段时间里，活动的形式多种多样：它可以是"好奇日"，也可以是长期的"天才一小时"或"20%时间"项目，还可以让学生写博客，让他们选择类型、主题和格式。

三、提供工具

有时，学生会对自己想要了解的事物产生想法，可奈何没有实现这一想法的工具、资源或材料。但如果教师可以提供这些工具，他们便能投身其中，创造、了解或追求之前难以想象的事物。

四、鼓励创造性冒险

恐惧是自我启动的最大障碍。它可能是对失败的恐惧，对误入歧途的恐惧，或是对外界负面评价的恐惧。因此，学生最终只会对自己想要了解的事物产生想法，而不会去进一步地追求。作为教师，你可以通过鼓励创造性冒险来与之抗争。

五、示范思维过程

向学生展示你是如何在生活中"自我启动"的。如果你正在创作一部小说，那么，你可以给他们讲讲这个故事，和他们分享创作过程中的担忧和难处。你要让他们知道，自我启动者并不是那么的狂妄自大、自以为是。此外，你还可以让学生站在你的角度，观察自我启动者是如何寻找机会、创造机会的。

六、肯定成果

如果你看到学生开始主动负责并"启动"自己的学习，那么，请务必向他们指出。这件事或许微乎其微，与之类似的还有"学生提早完成任务后选择各自的补充活动"或是"找到自己的极客兴趣然后乐在其中"。但如果你见证了这些"自我导向型"时刻，请向他们致以祝贺！因为正是这些微小的习惯，才汇聚成了自我启动型思维。

七、帮学生找到一个有相同兴趣的团体

自我启动者并不是孤独的游侠，他们常常与同龄人和导师保持联系，这些人都曾帮助过他们。学生也是如此。对于高年级学生来说，这也许是邀请发言嘉宾；而对于低年级学生来说，这可能意味着帮助学生家长找到可以让学生追求自己兴趣的地方。

第二部分：身为自我管理者的学生

自我导向型思维的后半部分即是自我管理，是指即便没有人监督，你也能按照计划，继续完成任务。

以下是"自我管理"的几点要素：

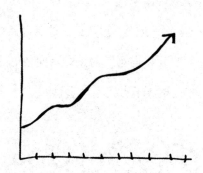

第一要素：树立目标，监督自己的进度

自我管理始于一种自我意识，即知道自己在做什么、要做什么、该做什么。而拥有这种意识的学生不仅能够知道自己在做什么，还能知道为何这样去做。

在明确认识到"在做什么"和"该做什么"之后，学生将开始"树立目标"。这一目标可能是学习目标，也可能是项目目标。接着，他们会监督自己的学习或项目进度，时常反思自己当下的表现，继而在后期做出改善。

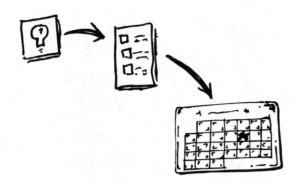

第二要素：分解任务、设定期限

自我管理者有能力承接大型任务。他们不仅可以将其分解为多个子任务，设定截止期限，还能切实思考时间、资源及具体行动等方面的需求。这种能力是项目管理的关键所在，它需要学生观察小处、着眼大局，明晰二者之间的复杂关系。

通常，教师会为某一项目的各个阶段设定外部期限，但其实，这种做法会削弱学生在项目管理中的关键技能。一旦学生有能力分解任务、设定期限，他们便可以将某一项目从想法变为现实。

第三要素：解决问题、灵活思考

　　虽然任务和期限在自我管理中至关重要，但有时，事情也会偏离预定轨道。尽管学生可以做出全世界最棒的计划，但最终，他们还是无法避免各种意外的发生：网络中断一整天；小组成员生病两天；消防演习和临时通知的集会；在创造过程中遇到阻碍，一时停滞不前。此时，学生需要着手解决问题，并在问题出现后尽快解决。进程被打乱了，计划也改变了。在以学生为中心的学习中，令人沮丧的一幕出现了。但即便如此，如果学生有能力应对种种挑战，他们便会成长为"问题解决者"和"批判思考者"。

第四要素：选择策略

自我管理者可以自己决定运用何种策略来完成自己的任务。他们会选出合适的资源和材料，确定最适合自己的流程。

他们不再运用老师告诉他们的策略，而是自己选择能帮助他们达成目标的策略。

以上这些，都要求是真实的项目。

我们并不奇怪，自我管理和项目管理竟然如此相像——所谓项目管理，是指在复杂经济体中始终需要的一种工作。如果我们想让学生养成这种思维模式，便要让他们参与到真实的项目当中。

第七章
每个学生都是创客

EVERY STUDENT IS A MAKER

几年前，我（约翰）对学生们进行了一项调查，想看看他们使用各种电子设备（平板电脑、笔记本电脑及智能手机）的情况。想看看他们是在消费还是在创造。最后结果如下：

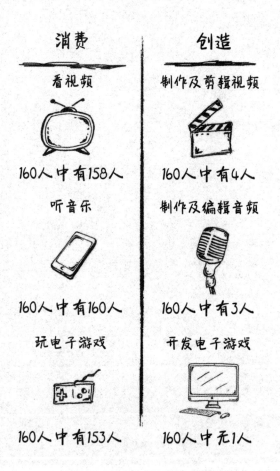

在我教过的学生中，有三四个有点与众不同。其中一个在创作小说，另一个是YouTube红人，还有一个建立了播客。我发现，学生们在"消费"

与"创造"方面的差距并非源自数字鸿沟①。

事实上，是因为学生之间的创造力差异，所以他们才有了消费者（接受者）与创造者（创客）之分。尽管"接受者"这种说法听上去有点极端，但这让我不禁想起了斯穆特老师（以前教过我的一位老师）曾说过的话：

要是不去创造，那么我们将丧失创造力。

在以前教过的学生中，我发现，在他们大学毕业并走上工作岗位后，那些创客往往能够更快适应环境。他们能够逐渐掌控自己的工作，并且在自己所选的职业道路上越走越远。不仅如此，创客们往往耐性更佳，思考更深，而且知道该如何应对挫折。

前文提到，学生们未来会生活在一个充满不确定性的世界中。但创客却能在其中向阳而生，他们会一直进行实验，敢于承担创造性风险，同时具有与众不同的思维方式。

换句话说就是，他们能够进行创新。

在这里我想坦白一点：我（约翰）以前很讨厌"创新"这个词。看到给它加的引号了吗？我以前每次提到这个词都会加上引号。

我以前会说："这个词很流行，已经被用滥了。"

但其实，有时某个词语之所以成为热词，是因为它是所有人都认为重要的事情。会不会被错用？有时会。会不会被滥用？经常这样。像"爱"

---

① 数字鸿沟，指因使用互联网条件不同所造成的机遇不平等。——译者注

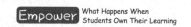

（love）、"棒极了"（awesome）和"朋友"（friend）这些词都属于这一类，但我不会说不用这些词了。

我觉得自己对"创新"这个词之所以有点反感，是因为它让我联想到高科技，比如让我想到艾波卡特中心[①]（EPCOT Center）、阿斯特洛圆顶体育场[②]（Astrodome）和Flowbee[③]。

但这些都不能叫作创新，只能说是新颖，是一种破坏，是一种为了改变而改变。

创新是敢于特立独行。

所谓创新，是林·曼努尔·米兰达（Lin Manuel Miranda）所创作的音乐剧《汉密尔顿》，是加夫列尔·加西亚·马尔克斯（Gabriel Garcia Marquez）在几十年前所完成的魔幻现实主义作品，是五年前还不存在的癌症疗法现在已经能够拯救你的某位挚友。

所谓创新，不是为了改变而改变，而是源自某种使命感及信念感。如果你觉得"肯定还有更好的办法"，接下来进行实验，然后进行创造性冒险，最后对结果进行观察，那么这可以称为创新；如果你很关注某个问题，想问"为什么不能这样做"，然后就去挑战现状并努力去解决，那么这也可以称为创新。

---

① 艾波卡特中心，坐落于美国佛罗里达州华特迪士尼世界度假区，是该度假区的第二座主题乐园，该主题乐园以科技创新、未来和世界各国文化为主。——译者注
② 阿斯特洛圆顶体育场，位于美国休斯顿，于1965年修建完成，是目前世界上最大的室内运动场。——译者注
③ Flowbee，一种结合了电动剪发器和真空吸尘机的创新型理发工具。——译者注

我知道，这个词可能现在很流行，甚至可能被用滥了，但我还是希望能在校园中看到创新。我希望学生们都能够成长为创新型人才，希望他们能利用发散思维去寻找全新的难题解决途径，也希望他们能够进行创造性冒险，敢于挑战现状，更希望他们敢于特立独行，具有创新精神。

如果你希望学生们将来能够进行创新，那么现在就得让他们在这一过程拥有主导权。

工具是否先进其实并不重要。不管科技如何改变，我们的创客心态却一直会坚持不变。

一般来说，我们会比较关注创客空间，想要一种完美的创造环境。但事实上，空间的好与坏其实无关紧要，我们想要的是学生随时随地拥有创造力。

真正关键的其实是老师，是人际关系，是能够让学生们具有创造性思维。但要想做到这一点，我们得让学生们在这一过程中拥有主导权。

掌控创造过程

有时创造性工作会进行得较慢。我们得花时间来进行规划并制定解决方案，有时还需要对某些想法进行斟酌，然后对其中几种来进行实验，并最终设计出解决方案。

另外，有些创造性工作要有一定的结构性。如果创造过程完全自由，没有任何限制，学生反而会不那么顺利。他们不做任何规划，也没有什

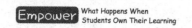

么目标，匆匆忙忙地就进行了创造，最后通常会对结果感到失望。

　　结构非但不是一种限制，反而能够使学生们拥有更多的主导权。有时，在创造性活动中，某种框架或指导方针能够提高我们的工作效率。所以，结构实际上能够帮助我们进行创造。

　　所以我们热衷于设计思维。因为设计思维是一种结构，它能够赋予而非限制学生们在创造过程中的主导权。

　　设计思维是一种很灵活的框架，可以让学生的创造性过程获得最大成果。我们在企业界、社会和民间以及高等教育等各行各业都能够看到其身影。

　　这种结构能够让学生拥有更多的话语权与选择权。如果学生们能够利用设计思维过程的话，那么他们就会在整个创造性过程中拥有主导权。

　　设计思维在任何学科都是有效的。这种方法很灵活，在资源有限的条件下也可以进行利用。而且这并不是在你满满当当的日程中再加一项，而是使你在目前所做的工作中进行创新。具体而言，这一过程旨在提高创造力，并激发每一个学生的创新精神。

　　所以我们开发出了"LAUNCH循环"。具体来说，这是一种专门为中小学阶段课堂所创造的设计思维框架。可以这么思考：创造是思维，设计思维是过程，"LAUNCH循环"是框架。

创造是
思维　→　设计思维
　　　　是过程　→　"LAUNCH循环"
　　　　　　　　　是框架

那么，我们一起来探究一下，"LAUNCH循环"是如何在创造性过程的各个阶段为学生赋能的。

第一阶段：观察、倾听、了解

在第一阶段中，学生们进行观察、倾听、了解。这一阶段的目标是让学生们形成某种"认识"。可以是对某一过程的好奇心，也可以是意识到某一问题的存在，还可以是以受众的角度进行思考。总之，他们要开始形成某种认识。

从创造性过程的第一阶段开始，学生们要带着自己的疑问、好奇心及对于受众的同理心开始这段旅程。老师最开始可以提供些体验，来激发学生们的好奇心。

第二阶段：多多发问

在好奇心的驱使下，学生们进入了第二阶段，此时他们会问很多问题。这些问题可能与某一过程、某种体系或某种物理现象相关，也有可能是一些探究性问题，或者是需求评估的问题。

但重要的是，学生们要把这些问题说出来。

需要注意的是，学生不是在回答老师的问题，而是在进行某种自我探究。

第三阶段：理解问题或过程

只有通过真正的研究实践，学生们才能对问题或过程进行理解。他们可以进行访谈或需求评估，也可以研究论文、观看视频，还可以对数据进行分析。在这一研究过程中，学生们需要进行很多选择，他们需要选择资源、寻找信息并运用他们认为有用的策略。

在此阶段，学生们自己掌控着整个研究过程。此时，他们在回答上一阶段所产生的那些问题，他们选择好了资源，确定了研究的形式，这让他们对背景知识有了更多的了解，有利于下一阶段的开展。

第四阶段：探寻想法

在获取新知识之后，学生们要开始利用这些知识来制订解决方案。在这一阶段，他们需要探寻想法。此时，他们会进行讨论、分析，将各种想法整合到一起，然后明确自己要创造什么。在这一构思过程中，他们可以独自进行，也可以与他人进行合作。

在这一阶段中，学生们并不会亦步亦趋，去按照某个项目表所给出的步骤来进行创造，而是会创建出自己的解决方案，然后再制订出行动计划。这样一来，这些思想和过程都是属于他们自己的。

从产生想法到形成计划，再到创建原型，这一过程可以让学生掌控整个项目的管理。

第五阶段：创造产品原型

在此阶段中，学生们要创建出某个原型。其可以是数字作品或者有形产品，也可以是一件艺术品，还可以是自己所设计的东西。这一原型甚至还可以是某种行为、某种活动或某种体系。

但无论如何，他们在这一过程中拥有主导权，他们要创造什么，要怎么去做都由他们自己决定。有时这一阶段有些杂乱无章，可能会进展缓慢，还可能有点令人苦恼。然而，在首次取得成功时，学生们会欣喜若狂，会为此而无比振奋。

在此刻，他们看到自己的想法变成了现实，最终，他们会相信自己有能力去建造、创造、构思及设计。

第六阶段：确定产品优缺点，改进产品

接下来学生们要开始对优点进行关注，同时要改善不足之处。这一阶段的目标是使学生能够认识到，这一修正过程就像是一种重复性实验，而在其中，每个错误都能使其离成功更进一步。

在完善过程中，他们要进行自我评估、同伴评估，并且要与老师进行一对一会谈。

第七阶段：现在是产品发布时间

在进行过前几阶段之后，学生们要准备向受众发布产品了。在这一阶段，他们要将产品传达给真实的受众，将其与目标受众进行分享。而随着时间的推移，他们的创造性自信会得到增长，还会看到与世界分享

他们作品的力量。

怎样才能实现

大家都知道，每个孩子生来便具有创造力。但是，如果没有足够的技术支持，没有足够的时间，而且由于某项重大考试的牵制，课程框架十分死板的话，我们该如何激发创造力？

先做一天试试看。对，就一天，找个没什么事的时间，比如考试结束那天、休息日的前一天或没有什么任务的一天。下面这些办法你可以试一试。

创客挑战

创客挑战属于短期项目，致力于快速地进行原型设计，学生们快速地走完LAUNCH循环各个流程，然后开始创造自己的作品。这个项目常常是与STEM相关，但你也可以在其他学科开展这样的项目。

创客挑战以头脑中某个具体的问题为起点。事实上，我（约翰）创建了一系列关于创客挑战的动画。你可以在videoprompts.com上进行观看。

那么，下面介绍一下它的优势：创客挑战无须利用最为先进的技术，就算只有胶带和硬纸板也能进行。

创客挑战无须耗时过久，只需满足两点即可：一点想象力加上一颗想尝试新事物的心。

全球设计日

几年前，我们决定启动一项全球协作项目。目标很简单，就是想在这一天让大家体验一下设计思维。我们将这一天选在期末阶段，此时考试已经结束，我们选了个"没什么事"的时候。此时，老师们得到批准，可以用一天来进行这项实验。

就一天。

确实不太够。

一天的时间不足以让教室充满创造力与想象力。

但星星之火可以燎原。

我们在社交网站上看到，老师们在进行协作，学生们在与全世界分享他们的作品。有超过85000位学生参与进来。尽管身处六个不同的国度，但他们却紧密相连，只为同一个目标：创造精彩之物。

有半数课堂没有华丽的技术。有些学生甚至做不完项目。

但都没关系。学生们被赋能了，他们能够进行发问，能够有自己的想法，能够创造出自己的产品。

他们发挥出了创造力。

但功劳不在于"全球设计日"，也不在于设计思维。而在于他们的老师，因为他们敢于冒着创造性风险对学生们进行赋能，敢于让学生在这种创造性过程中拥有主导权。

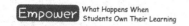
这天开始成为一些学校的一种运动。而老师们最终会利用设计思维，将整个年级甚至整个学校进行改造。

接下来有些不同……

其实，我们想让学生成为消费者。

事实上，消费是创造的前提。通常来说，有这样一种循环，首先，你进行消费，然后会受到启发，最后再进行创造。我们可以看到，多数大厨都喜欢美食，许多弹吉他的人都喜欢听音乐。

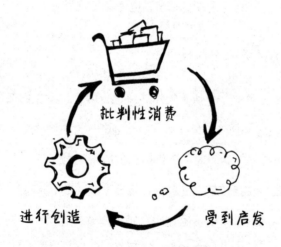

批判性消费是其中关键一环，而这种消费始于主导权。

我（约翰）以前觉得创造力来源于我们的头脑。我觉得头脑中会蹦出某种想法，然后我们才能够进行创造。如果学生们在课堂上只是利用技术来消费而不去创造的话，那么我会很失望。我会要求他们去进行创造性冒险，去做些与众不同的东西。我会告诉他们要大胆一些，即使搞砸了，也要一直坚持去创造。

然而，在我自己有了孩子后，一切就都开始不一样了。我发现，从小时候开始，人们的创造力就一直具有某种社会性。起初，小孩子的创造力源自观察、聆听及实践，通常也包括模仿大人所做的事。当他们长大一点时，我发现其创造力来源与之前差不多。尽管他们都很有创造力，但每个人都是在进行过一系列观察、探索及模仿过程之后，才最终找到了自己的方向。

在学生之中我也发现了类似的趋势。他们通常要经历模仿及混搭阶段，才能使其所造之物真正具有原创性。我在美术课、木工课、写作课及STEM实验室中都看到了这种趋势。因此我总结出，学生从消费者转变成创造者要经历以下阶段。

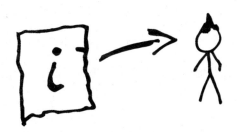

第一阶段：接触（被动消费）

有时我们是被动接触某种事物的。设想一下，如果你听到某种背景音乐，觉得它很特别。几个月后，你可能会发现自己居然有点喜欢这类音乐。然后，你可能就会爱上这种印度风格的波尔卡电音舞曲。

要记住，即便在学生主导型课堂中，我们也要让学生们接触新思想，学习新内容，进行新实践。有时，如果你不进行介绍的话，学生们可能一直不会对某本书或主题，甚至是某个学科产生兴趣。

而如果你在观看某个电影或产品，或者读到某本书时突然入迷了，那么此时你就进入了第二阶段。

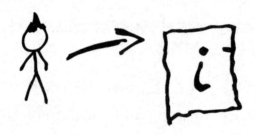

第二阶段：积极消费

在这一阶段中，你会更倾向于自己去探索所消费之物（可能是艺术、音乐、美食或诗歌方面的东西）。此时，你还不是很痴迷，但是开始对某种风格有了自己的审美，并且，你会发现，自己对所消费之物有了更加深刻的认识。

有时这一阶段会更多地关注美学方面，而有时却关注实用性多一点。换句话说，你有可能只是单纯地喜欢自己所消费之物，也有可能更多地从实用目的考虑，觉得它比较有用。但无论哪种，你都是在积极地进行探索。

在赋能型课堂中，老师会允许学生围绕自己喜欢的科目及话题进行探究。同时，还会从学生的兴趣出发，而非让学生对某件事物感兴趣。

第三阶段：批判性消费

这时你开始成为一名"专家"了。你能看懂某个话题中的玄妙之处，能够鉴别所消费之物的制作工艺，也能够判断出某种产品的好与坏。

在赋能型课堂中，老师们会通过大型项目来让学生们进行这种批判性消费，比如"天才一小时项目""好奇日"及学生兴趣博客等项目。你还可以让学生们进行研究，或者选几本小说安静地阅读，以此来对这种批判性消费进行深入探究。

在他们逐渐形成自己的品位时，就会开始进入下一阶段：整理阶段。

第四阶段：整理

在成为"专家"后，你会开始将最佳部分挑选出来然后对其进行评价，还会对产品进行收集、整理，然后把自己的评价分享给别人。在这一阶段中，你既是一名粉丝又是一名评论家。

事实上，整理是一种非常重要且伴随终身的思考技能。在目前信息饱和的时代，整理者能将最佳资源挑出，然后以某种独特的视角将其进行分享。所以前几年有些很火的博客（Brain Pickings[①]，Farnam Street，FiveThrityEight）都属于整理类博客，它们对一些观点、数据或者他人的出版物进行批判，然后将其观点以某种独特的方式进行分享。

但这不是终点。在你经历过整理阶段后，通常情况下，你会发现自己受到了某种启发，想去做点自己的东西。

_____

① Brain Pickings，一家非商业性书评网站。——译者注

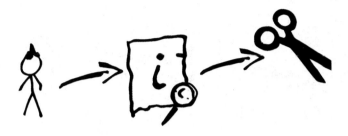

第五阶段：模仿及修改

这一阶段让我很抓狂。在对某一个作品（或某位艺术家或者某种风格）有了专业性见解后，学生们就会基本上复制这个作品。一位艺术造诣很高的学生会一直一笔一画地临摹某部日本动漫作品；一位对桥梁很有研究的学生想要精准地复制某座桥梁；一位对美食感兴趣的学生会完全不偏离菜谱。

但后来，慢慢地发生了一些改变。学生能有所拓展，对复制品进行修改。

在赋能型课堂中，我们可以教学生们对抄袭与受启发进行区别，还可以教他们如何以某一作品为起点，然后进行创造性冒险，对现有作品进行修改。重要的是，要让他们对"版权"及"合理使用"方面的问题有所了解，但要注意的是，这是一种学习过程，不要惩罚他们。

随着时间的推移，他们会开始从许多原始资料中受到启发，然后就会进入卜一阶段。

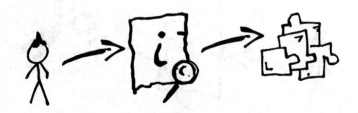

第六阶段：混搭

有时这看起来很像拼贴艺术。在这一阶段中，孩子们把各种自己所喜欢的作品进行整理，然后把其中的一些元素进行整合，最后创造出新的东西。可能一开始你觉得这好像并没有什么创造性，但只要你在YouTube上搜索一下混搭歌曲，你就会发现，混搭文化中其实充满着创造力。

有时这看起来更有点像粉丝小说[①]。所以那些喜欢与霍格沃茨魔法学校相关事物的学生可能会写哈利·波特母亲的故事，讲述她在霍格沃茨魔法学校的经历。所以我们可以看到，如果某些东西对学生们很有启发，那么就能够促使他们创作出新的作品。

有时，这种混搭还包括将某一领域的思想在某种新环境中进行应用——这通常会看起来很有创造性。这种混搭可能看起来有点像"骗人"，但要知道的是，我们所有的新思想都是由那些在生活中对我们有所启发的事物混搭而成。而实际上，你所喜欢的乐队一般也会与其所欣赏的乐队风格相近。

---

① 粉丝小说，又称同人小说，指利用原有的漫画、动画、小说、影视作品中的人物角色、故事情节或背景设定等元素进行二次创作的小说。——译者注

第七阶段：开始创造

要注意的是，事实上，前几阶段都与创造力相关。而在这一阶段中，学生们要开始创造全新事物。

在这一阶段，学生们所需要冒的创造性风险最大，而且要开始创造出真正具有原创性的东西。学生们一般会在前六个阶段中受到启发，然后在这一阶段中形成自己的想法。在这一阶段中，学生们能够增长自信，而且已经能够进行有意义的冒险。

有时学生们会跳过其中几个阶段。有人可能会从爱上某部小说阶段（第二阶段）直接跳到创作粉丝小说阶段（第六阶段），在中间不进行任何模仿（第五阶段）。另外，我几乎总是会跳过混搭阶段，我更倾向于从模仿某种风格跳到形成自己的想法。

在创造之旅中，并没有固定的公式。

第八章

评估应该妙趣横生

ASSESSMENT SHOULD BE FUN.
NO, REALLY, WE'RE SERIOUS

如果你到某个篮球场、滑板公园或攀岩体育场进行参观，那么你可能不会注意到，其实这里一直都在进行某种程度上的评估。其实还有很多情况也是如此，比如一群孩子围在电子设备前在"我的世界"①中建造某种共同世界，又如在厨房里对某种新菜谱进行实验，再如一群魔方爱好者在一起进行研究，这些过程中都伴随着评估。

评估其实无处不在。

评估是一种行为而非事物，所以它是看不见摸不着的。换句话讲，在我们做某件事情的时候，伴随着评估，评估不是孤立地进行某项测试。没有谁能在豚跳②的时候停下来完成某种滑板测试。测试就伴随在行为的过程中。

在"我的世界"、滑板公园，以及在孩子们掌控自己学习的任何地方，都有评估。只有学生掌控自己的学习，评估才是真实的。

---

① 我的世界，一款风靡全球的高自由度沙盒游戏。——译者注
② 豚跳，滑板或单板滑雪运动中的一个跳跃动作，即在往上或向前跳跃时脚用力踩蹬滑板后部，使它和人一起在空中滑行。——译者注

评分规则没有什么不对的，毕竟在比赛中滑板选手就会用到评分规则；测试也没有什么不对的，因为魔方竞赛差不多都是限时测试。

问题的关键，并不在于评估类型的好与坏。

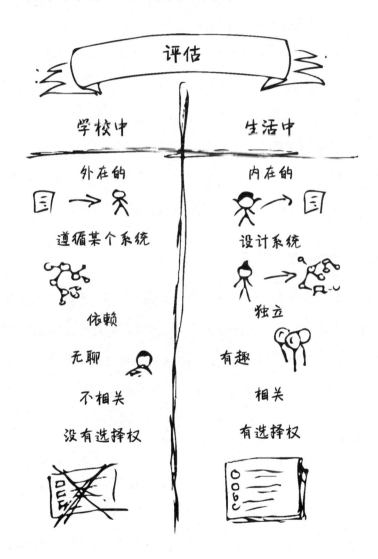

我们怎么才能使评估更生活化呢？

其实就是让学生拥有主导权。

如果学生们能够自己掌控评估过程，那么他们就会明确以下几点：

- 已知的东西（以前的知识）

- 未知的东西（可以进步的地方）

- 想掌握的东西（目标）

- 为求改进而做出的努力（行动计划）

被赋能的学生能够设定自己的目标，对自己的进度进行监控，并且能够根据具体结果决定要使用哪种评估方式。他们并没有觉得评估不好，而是将其视作学习过程中的关键一环，同时也是他们在改进过程中的有力工具。

什么是让学生掌控学习

让学生掌控学习，需要将教师主导型评估转变成学生主导型评估，但这并不是说学生们在所有时刻进行自我评估，而是应该与同伴和老师进行协作，以获得最佳评估效果。如果能够做到这样的话，那么学生们就会摆脱依赖型（或单打独斗型）模式，转变成互助模式。

自我评估

在学生们进行自我评估时，他们就会随时对自己的进度进行检查。这样的话，他们就能够对自己当前的技能水平有着更加准确的认识，并且能够更加明确自己需要做些什么才能有所进步。当他们对进度进行监

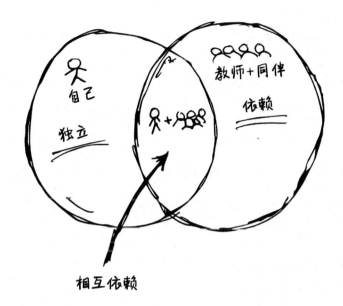

相互依赖

控并对自己的行为进行判断时，他们便能够认识到评估在学习过程中所发挥的重要作用。

但与此同时，一些其他的事情发生了。他们被赋能了。他们不再认为学业上取得成功是因为某个老师或是运气好，而是将其视作勤奋的结果。他们会变得更有自主性，变得更加独立。

想想你上一次在校外学习某种新技能的经历。有老师给你打分吗？还是你对自己的学习进度进行评估，并因此进行调整？你能知道自己学得怎么样吗？你对于自己哪里需要改进有掌控权吗？

学生也需要掌控自己的学习。

学生们用哪些方法来对自己的学习进行评估呢？让我们一起来探究一下吧。

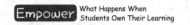

将进度用图表表示出来

学生们可以用图表的形式整理自己的数据并进行分析。柱形统计图、曲线统计图或扇形统计图都可以。这些数据不一定要来自某个正式测试，它可以是你所读的页数、每分钟读的字数或在某项目中所完成的任务。

然而，这些数据一定要真实且是相关的。他们需要知晓其意义及进行分析的目的。这样的话，这些数字便开始有了某种意义，而不再只是冷冰冰的字符。

对目标进行跟踪

学生们首先要建立自己的目标，可以是量化目标，也可以是质化目标。然后他们再对其进度进行跟踪监测。可以使用图表、进度条来表示进度，也可以只对其进行描述。

自我反思

这种方法是学生回答一些反思性问题，比如他们正在学习什么？在哪里学得比较费劲？下一步需要做什么？其中一些问题可能会比较具体，有一些则较为宽泛、抽象。

在进行自我反思时，学生们的元认知①水平会有所提升，而这反过

---

① 元认知，是指人对自己认知过程的认知。——译者注

来也说明他们更加明确了自己的前进方向。

调查表

有时学生会觉得开放式的反思性问题不太好回答，他们会觉得这些问题太抽象或太主观。调查的方式能够兼具主观性与客观性。

学生可以利用李克特量表[①]来进行调查，这种量表可以帮助学生理解那些较为抽象的东西。

自我评估标准

自我评估标准包含不同类别的具体描述，学生们能够看到自己从开始阶段到掌握阶段期间的进步。他们能够精确地知道自己的学习情况，同时也清楚下一步需要到达哪里。

标准可以让学生们从多个分类进行思考，并且能够了解自己有哪些进步。如果学生们正用某种标准对自己的作品进行评估的话，那么他们就会在这一过程中拥有更多的主导权。他们就不会再依赖老师，把老师当作唯一的反馈来源。

---

① 该量表由一组陈述组成，每一陈述有"非常同意""同意""不一定""不同意""非常不同意"五种回答，分别记为5分、4分、3分、2分、1分，每个被调查者的态度总分就是他对各道题的回答所得分数的加总，这一总分可说明他的态度强弱或他在这一量表上的不同状态。——译者注

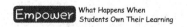

清　单

清单可以说是一种诊断工具，而且作用很强大，在任务前期、任务过程中及任务完成之后学生们都可以进行使用。飞行员、医生和工程师们都利用清单来检查自己的工作是否符合特定标准。

虽然这看起来很简单，但实际上却可能带来翻天覆地的变化。有时甚至一个小小的错误就会导致灾难性的后果。

正如阿图·葛文德在《清单革命》一书中所指出的那样：

> 现代生活的一个基本特征，那就是我们都依赖于系统（这个系统可能是人，可能是技术，也可能两者兼有），我们最大的困难在于，不知道如何使系统有效运转。

学生在使用清单时，其实他们是在学习如何理解系统。他们可以使用清单来确定项目进度，对原型进行评估，或者对过程进行理解。或者采用一种更好的方式，基于你所确定的标准，帮助学生创建他们自己的清单。

同伴评估

有时你会在自我评估过程中错过一些关键性细节，这属于一种盲点。在这时，你需要同伴反馈来帮助自己以某种全新的角度来看待问题。

那些最具创新精神的公司都持有这种观念。

以皮克斯为例。此公司具备智囊系统，在这种系统中，人们可以表达出自己的想法，将自己的作品与他人分享，同时还可以寻求反馈。房间里的每个人都可以对其进行批评（他们经常这样）。

这听起来有点吓人，但这种模式在皮克斯中效果很好，因为这属于一种互助模式。我们可以看到，在信任与透明性共存时，批判性反馈能够激发创造性思维。正如皮克斯的联合创始人艾德·卡特莫尔所言：**"我们认为，只有经过挑战和考验的想法和电影才能成就伟大。"**

同伴反馈对学生来说特别重要。与老师相比，同龄人之间在分享自己的想法时，通常更容易引起共鸣。

然而，同伴评估可能存在一些挑战。首先，教学时间很紧张，我们不希望整节课都用来进行同伴反馈。其次，是关于结构性问题。我们都曾有过这样的经历：学生们耸耸肩，然后说道："我觉得挺好的。"下面，我们提供了更为结构化、更为简短的方式来进行同伴反馈。

十分钟反馈系统

在这种系统中，首先，学生A分享自己的作品或提出某种观点，同时学生B要积极地去听。然后，学生B就A所说的存在困惑或不清楚的地方进行提问，A给出回答，B就回答给予反馈，然后明确后续的行动计划。每一阶段持续两到三分钟。

时长	描述	学生A	学生B
0-2分钟	电梯游说	对想法、计划或产品进行描述	倾听
2-4分钟	解释	回答问题	就A所说的存在困惑或不清楚的地方进行提问
4-6分钟	反馈	倾听反馈，不去打断	提出具体的批判性及正面反馈
6-8分钟	复述	用另外一种表达方式复述自己所听到的内容	倾听并解释
8-10分钟	下一步	创建后续行动步骤	在确定接下来的行动计划上给予帮助与指导

结构化反馈

在这种反馈中，老师首先给出一些具体的句式，然后学生可以用这些句式来给出反馈。

3-2-1结构

很简单，就是学生们说出三个优点、两个需要改进的地方、一个问题。

老师仍然很重要

虽然同伴反馈和自我评估对于学生在评估中占有主导权很重要，但学生从老师那里得到的反馈仍然很有价值。有时他们需要得到老师的具体反馈。作为教师，我们仍然可以通过给出评估为学生赋能。其中一种方法就是进行一对一会议。

一对一会议

其实很简单：每节课计划三到五次小型会议。每次会议大约持续5分钟。通常每两周你就能与每个学生单独见一次面。

学生可以询问一些学习过程中遇到的问题，还可以进行反思。他们能够了解自己的学习情况以及哪里需要改进。评估不再是一场教师主导式的独白，而变成了一种双向对话。

三种会议

下面介绍一下三种不同的会议，你可以和学生们一起来进行。

一、给予建议的会议：这种会议为学生赋能，让学生可以寻求老师的建议。这种会议的目的是让学生们对自己所缺乏的特定技能进行学习。每个学生都必须问老师一些问题，这些问题要与其目前正在研究的领域相关。这种会议能够使老师对学生进行有针对性的辅导。另外，这种会议还有一个好处，那就是能够鼓励学生把犯错当作学习过程的一部分。

二、进行反思的会议：这种会议是让学生们对自己的学习进行反思。这种会议的目的不是告诉学生该做什么，而是要让学生清楚自己的状态。老师要用一系列的反思问题来引导学生完成元认知过程，然后再进入目标设定与监测阶段。随着时间的推移，老师提的跟进问题会更少，学生们开始分享他们的学习进展情况。

三、判断知识点掌握程度的会议：与进行反思的会议不同，这种会议的重点不在于对过程进行反思，而是更多地关于学生自己对掌握程度的判断。

让学生自己决定

当我（约翰）第一次开始使用自我评估、同伴评估和一对一会议时，我会选定某种结构，并要求整个班级使用这种结构。然而，随着时间的推移，我意识到，如果学生选择了自己想用的结构，他们将会以更有意义的方式使用这个结构。

所以在我和一些学生开展写作工作坊时，会使用十分钟反馈系统，而另一些学生可能会通过清单的方式进行自我评估。一开始我感到很乱，但我后来开始发现，他们不仅学习到如何评估，而且学习到什么时候评估，以及在某个时刻哪种结构最合适。

第九章

学习之旅中，
失利（failing）不可避免，
但失利不是失败（failure）

OUR LEARNING STORIES MUST
INCLUDE FAILING, NOT FAILURE,
AND THERE IS A BIG DIFFERENCE
BETWEEN THE TWO

从失败变成失利

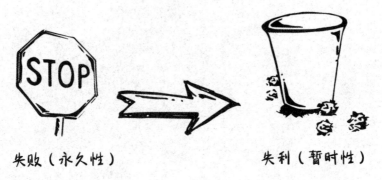

失败（永久性）　　　　　　　　失利（暂时性）

我（A.J.）的女儿双目低垂，看着我说："我做不到。"

我回头看了看，让她再把一只脚放在滑板上，然后用另一只脚来蹬，最后在动起来的时候再把那只脚也放在滑板上。

她和别的六岁小孩一样，会在学习滑滑板时感到灰心沮丧。

"不，"她说，"我不想再学了。你推我行吗?"

对我来说，帮她站在滑板上，推她动起来这很容易。但我已经这样做过，而现在，在指导她完成这个过程之后，如果她想有所进步，那么就该让她继续进行尝试。

我跟她说"不行"，然后让她再去尝试，让她这次集中精力铆足推力，这样就能在把脚放回到滑板上时还能一直移动。

她显然有点不太高兴。她知道我能帮助她。我也知道我可以帮助她。但她没有意识到，只有通过尝试（和失利），她才能在没有我帮助的情况下自己滑滑板。

"失败" 一词的问题

通过上面这个例子，我们很容易得出一个结论：在学校中我们需要让学生经历失败。在现实生活中，我们进行一些尝试，没有成功，搞得一塌糊涂的话，我们必须继续下去。

然而，正如《创新者心态》一书的作者乔治·库罗斯在其博客中所指出的：失败并不一定是什么值得庆祝的事情。

我知道，近年来，我们的创业及创新文化总是在说要对失败持包容态度，而且我也理解这一说法。

但失败属于定局。

失利则关注的是过程。

实际上，我们不希望学生失败，我们希望他们能在数次迭代后走向成功。

我们真正所希望的，不是让我们的学生失败，而是像库罗斯所指出的那样，希望他们能重新站起来，然后再次进行尝试。希望他们能够从失败中吸取教训，然后进行改正，再次进行尝试——这些都是通向成功的必由之路。

当我（A. J.）在讲课时，我经常会放这样一段视频：一个人正在滑滑板，他从滑板上摔下35次之多。我想用这一段视频来说明失败和失利的区别。当他失利时，他没有放弃，没有停止尝试，而是从错误中吸取教训，然后不断地重复，直到越来越接近成功。

关于失利

在我们的对话结束之后，我的女儿跳上滑板，然后沿着我们的车道滑了下来。她双脚踩在滑板上，滑得很快。然后，就像电影里一样，她想停下来，但结果从滑板上飞出去了，摔倒在地上。

我想通过祝贺的方式来让她忘记之前那些摔倒的经历。

"太棒了！你能两只脚踩在滑板上了！"

然而并不管用。她很不高兴，觉得因为我她才摔倒（一定程度上确实是这样）。

但第二天，她又回到了滑板上，这次她想弄清楚怎么才能停下来。

学习似乎是会传染的。

只要我们让学生们经历整个过程，并且我们一直尽力去支持他们，那么失利就不是一件坏事。

另一方面，失败并不包括毅力、韧性和能让学习具有"感染性"的自信态度。

虽然这两个词（failing 和 failure）差别很小，但我希望我们能够以一个学习者的视角来看待。

在成功之路上我们都会失利（failing），但永远不要在这个词的结尾加上"ure"！

第十章
让教育体系适应学生，
而非让学生适应教育体系

THE SYSTEM SHOULD FIT THE
STUDENT INSTEAD OF THE
STUDENT FITTING THE SYSTEM

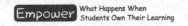

从分级体系变成可调节体系

分级体系　　　　　　　　　可调节体系

第二次世界大战期间，美国飞行员的死亡率居高不下。军方认为，此种情况或是由于训练策略的不当，或是因为飞行员还未适应速度较快的飞机。总之，问题出自飞行员本身。基于这样的观点，军方探索了各种解决方案，但这一问题仍未有所改观。

最后，他们对所有飞行员进行了一次评估，其结果令人惊讶：在四千多名飞行员里，竟无一人属于平均水平，甚至很少有人接近平均水平。

评估结果让军方震惊不已。

事实证明，飞机和飞行员没有问题，接受的训练也没有问题。究其原因，是他们一直把不同体格的人都装入了"通用尺寸"的驾驶舱中。

他们必须要找到新的解决方案。为飞行员量身定制驾驶舱？这样做的话，费用问题该如何解决？要是有飞行员退役或者去世了，又该怎么办？这架飞机就这样弃之不用了？

另外，还有一个办法：从体格方面筛选出和驾驶舱尺寸匹配的飞行员。但这也不太现实，因为他们需要选拔的，是最为优秀的作战飞行员。

终于，他们找到了解决办法。

可调节式驾驶舱。

对。

让头盔带、踏板和座椅都变得可以调节。很快，美国飞行员的死亡率直线下降。军方秉持了灵活设计的理念，抛弃了以往人们认为需要遵循的不切实际的平均观念。

他们并没有让人去适应系统，而是让系统变得更加灵活。最终，他们取得了成功。时至今日，飞行员依旧可以自主调节驾驶舱，满足个人需求。

最初，系统的搭建是以平均观念为基础的。虽然有些时候，平均观念也会对我们有所帮助，但在设计系统和结构时，我们不能一直抱有这种观念，希望自己的设计结果可以适用于所有人（比如上述飞行员的例子）。甚至，还有人会用平均值来评估某一个体的知识、技能和能力（我们能在许多学校里看到这种情况）。

以上事例出自托德·罗斯的TED演讲《平均之谬论》（The Myth of Average）。

一切都是平均的吗

放眼全校，到处都在算平均值。我们会算出所有作业的平均分数，会用正态分布曲线算出学生成绩的平均值。你是不是总在会上拿着考试分数的图表，并由此判断哪个学生需要进行介入指导？在中小学校中，平均分数是很重要的一部分。

但对于教师来说，平均这一概念的影响更微妙。平均水平的学生应该学习哪些知识？他们要用多长时间才能学会？他们应该在这一项目中投入多少精力？

但问题是：没有一个学生是属于平均水平的。

没有一个学生是属于平均水平的——是的，一个都没有。

正如没有平均水平的飞行员一样，学校里也没有平均水平的学生。所以，如果我们以平均值为标准，就会发现并不是所有人都适合这种教学方法。

以限时任务为例。假如，你要求学生在15分钟内完成某项任务，那么你会发现，有些孩子的进度很快，而有些则进展较慢。这种以"平均"的理念来进行教学，对学生来说不是有效的。他们会因此感到烦恼、生气、沮丧，从而无法参与到学习中。

为什么差异化教学有时行不通

一直以来，我们都知道，每个学生都是独特的个体。我们看到，有些学生正冲锋在前，有些则暂时落后。因此，我们需要根据学生的水平制定一套差异化的教学策略。

在这一策略当中，教师会为不同水平的学生制订不同的指导方案。比如，在数学课上，老师可能会提出三组不同的问题；在阅读课上，可能会分出四个不同水平的阅读小组；在写作课上，老师可能会把写作任务分为"较难、一般、简单"这三种类型。

分级体系

尽管"差异化"是迈向正确方向的一步，可是，这种方法往往无法满足学生的个人需求。比如，就"低水平"阅读小组的学生来说，可能他们的阅读理解能力稍有不足，但他们却具有很强的推理能力。再如，就某个被分到"低水平"代数小组的学生来说，也许他具备深入分析线性关系的能力，但在计算方面总是遇到困难。

然而，这不仅仅是关于学生技能水平的问题。我们知道，每名学生的兴趣、爱好和知识背景都不一样，他们的问题不一样，对他们有效的教学策略也各不相同。

那么，我们该怎么办？每天都设计出32种不同的课程规划吗？

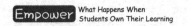
还有其他办法。

首先，我们以冰激凌口味为例。你没听错，就是冰激凌。对，冰——激——凌！

"芭斯罗缤"冰激凌共有31种口味可供选择。不仅如此，他们每个月都会推出新的口味。这样一来，所有口味加在一起可能就会有成百上千种。如果你还在四处寻找自己喜欢的冰激凌口味，不如来这里瞧瞧，你会有很大的成功概率。要是实在找不到，你可能就要重新思考人生了……或者，至少会怀疑自己对冰激凌的喜爱。

然而，如果你现在就想要某种口味的冰激凌，而这种口味暂时还没人卖，那么，你可以去"酷圣石"看看。你甚至可以在这里点到热软脂花生黄油夹脆饼冰激凌。一般来说，没有人会选择这种口味，它只属于你。在"酷圣石"，你很有可能点到自己想要的冰激凌口味。

然而……

如果你想在整个过程中拥有主导权，那么，酸奶冰激凌店是你的不二之选。我知道，那里卖的不是真正的冰激凌，而是"酸奶"。

在酸奶冰激凌店，你可以自己决定想要的口味。虽然这里的可选口味没有"芭斯罗缤"那样繁多，不过，你可以在这里"定制"属于自己的冰激凌。不仅如此，你还可以自行选择顶层配料：不仅能选择加什么，还能决定加多少。

你掌控着整个过程。

超越差异化

当我们谈到选择与差异化时，我们往往会用到"芭斯罗缤模式"，比如，给"低水平"小组一勺，给"高水平"学生三勺。

有时，我们也会给他们一定的选择权。比如给他们一份选择菜单，让他们自己决定想要哪种口味。这种方法会在某种程度上取得成效。其益处是，作为老师，你可以对学习内容和学习过程进行质量监控。可是，一次次地研究出31种新口味会使人筋疲力尽。

有时，我们会从差异化转向个性化。那么这时，我们就会用到"圣酷石"模式。在这一模式当中，学生将从"可以进行选择"升级为"可以决定内容"。他们不必再从某个选择列表中选出什么，而是能够确切地说出自己想要什么。此时，他们不仅能拥有更多的主导权，也会因此变得更为专注。但是，教师依然掌控着这一过程。所以，这样的个性化选择也会让老师们觉得疲惫不堪。

如果学生想同时在"内容"和"过程"两方面都拥有主导权，那么他们就需要采用"酸奶冰激凌模式"。在这种模式中，他们可以自主选择想要学习的内容，决定所需酸奶的确切数量及自己喜欢的顶层配料。在此期间，教师依旧是顾问和设计者，但尽管如此，学生却是以自我引导的方式学习。

如果说"芭斯罗缤模式"属于差异化，"圣酷石模式"属于个性化，那么，"酸奶冰激凌模式"则属于一种以灵活设计系统为基础的赋能模式。

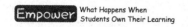

这几种模式都没问题。

在很多时间，整个班级需要全班同学共同协作，并且没有什么可选择的范围。可能，他们正在讨论某一话题，或是分析某篇文章，而这种选择的缺乏，恰恰能够增强班级的凝聚力。

有时，你可能会选择"芭斯罗缤模式"，利用"选择菜单"或"设置分级体系"。这也没什么问题。有些时候，你的确需要按照阅读水平划分各个小组，或是你可以给出不同的数学问题，让学生从中选择。

有时，你可能会选择"个性化模式"。这对你来说需要付出更多的时间和精力，但从长远来看，一切都是值得的。可能，你需要和学生进行一对一谈话，需要组织会议或进行辅导。另外，你可能还需要想出一些办法，使一些学生参与其中。

然而，有时你可能也会选用"酸奶冰激凌模式"。此时，你会让学生自己把控过程和产品。他们将以自我为中心，自主选择主题、产品及想法，同时根据自己的意愿、爱好、兴趣和知识水平，提出自己的问题。他们自己选择需要老师什么样的干预，以及自己需要充实哪些方面的学习。

采用灵活的设计

在本章开头的飞行员故事当中，军方将问题原因归结为飞行员能力不足或缺乏训练，于是，他们将责任归咎于飞行员而非飞行系统。然而，当他们不再让飞行员去适应驾驶舱的设计，而是开始调整设计以适应飞行员时，一切都变得不一样了。

尽管如此，他们并没有为每一位飞行员量身定制座椅，而是采用了灵活设计的模式，让飞行员根据自身需求做出调节。

你可能希望，飞机上的座椅应该有低、中、高三种可调高度。而美国军方则使座椅变得完全可供调节，让每个飞行员都能做出最合适的调整。第一种方法是以平均观念和差异化为基础的：我们在校内对学生进行分组，然后通过追踪来进行区分，这就是第一种方法。但第二种方法则有所不同。它能让事物更具灵活性。

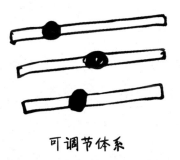

可调节体系

如果我们的课程、项目、单元和作业都是可以调节的，那么，我们课堂会发生怎样的变化？如果我们的规则、程序和结构都灵活多样，又会发生什么？如果学生可以自行修改这些呢？如果我们是根据学生的需求进行改造，而非强迫他们去适应系统呢？

换句话说，我们可以少采取"芭斯罗缤模式"，多选用"酸奶冰激凌模式"。

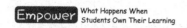

在设计可调节体系时，我们可以问问自己："如何使其更易调节？学生要如何进行调整来满足自身需求？"

答案即是，创建结构松散的项目。

你可以创建一些结构较为松散的项目，让学生在创造作品及创造过程上拥有更多的主导权。

同时，这也意味着，我们不会对作业的篇幅有具体的限定（比如三页或五段这样），而是让学生自己来决定篇幅。另外，我们还要让学生自主决定项目的表现形式，并在适当情况下加入多媒体演示。

自主选择技能、策略和标准

鼓励学生们自主选择需要练习的技能，即不是重复学习自己已知的内容，而是把更多时间放在自己较吃力的领域。

我们要教会学生，怎样才能选出最适合自己的学习方法。

对于学生和老师来说，这种方法会比较让人头疼。但这种方法可以让学生拥有更多的选择权，并且让教学设计趋向于更灵活。

这种方法同样需要教师对学生的高度信任。

有时，学生也需要额外的帮助。有些学生会在执行方面遇到困难，那么这时，他们可能就需要一些额外的指导，来帮助他们做出下一步决定。但即便如此，学生还是可以在灵活的教学设计中进行学习。

当学生被赋能时，他们便开始掌控自己的学习。

这是什么样子呢？

想象自己是一名五年级的学生。此时，你正在上语文课。如果现在，老师并没有把你分到某个阅读小组，再给你几个写作题目，而是让你自己创建一个博客。

你可以自己选择话题。

也可以自己选择主题。

比如，你决定创建一个电子游戏博客。然后，你还会在课上花很长一段时间，探究一个关于游戏的问题，并阅读几篇文章。在此期间，当你感觉有些迷茫时，你会求助于在线教程。你也可以和某个同伴分享自己的见解。

这并不是一种完完全全的个性化。整个班级在写作时需要引用论据。因此，你需要上一些短期课程，这些课程会教你如何对文章进行事实核查，如何找到相关的信息。但即便如此，你依旧是这一研究过程的掌舵人，你就是"飞行员"，根据自己的需求来调试适合你的驾驶舱。

终于，你开始了自己的博客创作，洋洋洒洒地写出了五大段文字。而此时，你旁边的人刚写完引言和简短列表，你对面的那人则刚做完一集播客。

大家的进度各不相同。

现场可能有些杂乱。

不过，没关系。

这就是"酸奶冰激凌模式"。每个作品都应该有自己的特点。

第十一章
通过故事，为学生赋能

STORIES ARE EMPOWERING
IF WE OWN THEM

在你们班里，总会有许多"故事"发生。不过，你可能始终没有注意到这点。你可能总是被日常琐事困扰，可能压力很大，也可能享受教学的每一时刻，但无论怎样，在你的班级和学校中，总会有许多"故事"发生。

我们和学生一起吃饭、生活和学习，我们看到了学生的失败和成长，也看到了他们慢慢学会相互合作。有时，我们也会帮助学生进行创造。可是，随着学年即将结束，我们该回顾一下自己的班级故事了。每个班级都是不同的，所以，每个故事的结局也会各有不同。

如何讲好一则故事

我（A. J.）最近读了唐纳德·米勒的一本书，名叫《如何讲述故事》。这本书内容不多，但对我很有启发。有时我们认为，故事没什么特别的，或是觉得，它们"只是给小孩子看的东西"。但作为成年人，我们通过故事塑造自己的生活。每一天都有开头、中间和结尾。每种生活状态、每份工作以及每一年也都有着类似的结构。

其实你的班级乃至整个学年都是这样的结构。书中，作者米勒提出了一种简单的故事结构，而这种结构在成千上万部书籍、电影甚至我们自己的生活中都可以看到。下面是这一想法的草图：

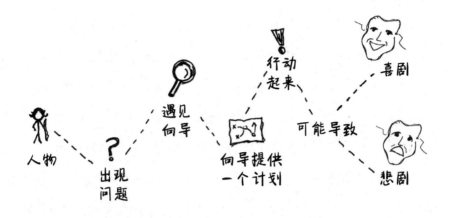

接着，我们要探究一下如何将这种结构应用到班级当中。

班级故事中的人物可以是某个学生，也可以是整个班级。如果你已经确定好了故事人物，那么接下来，你就要弄清楚故事人物遇到的问题是什么。

我的班级故事

几年前，我（A. J.）记录了很多在班里实行"20%时间"项目的经历。那么接下来，就让我们利用前面提到的思路，构思一下这则班级故事。故事中的人物（我的学生们）出现了某种问题（他们只关注分数，而忽略了学习过程中的体验）。

后来，他们遇到了向导（也就是我）。随后，我不仅为他们提供一个计划（也就是"20%时间"项目），还让他们行动起来：学习你想要学习的，以及你热爱的，而不是因为我给的分数而学习。最终，我们取得了成功（学生的演讲很成功，而且即便不与分数挂钩，他们的作品也十分惊艳）。

这就是班级故事的整体内容。

但除了这些，我们还要在里面加上一些个人故事。比如这种：某个人物（班上的一个女孩）出现了某种问题（她害怕和别人分享自己演唱的歌曲）；然后，她遇到了一位向导（也就是我们请的项目导师）；再然后，这位向导为她做出了规划（告诉她不必一开始就在人前表演），让她亲自去实践（把歌曲录下来，然后匿名发到网上）。最终，她取得了成功（她的歌曲不仅好评如潮，最后，她还把自己的名字加了进去，又在网上发了其他歌曲）。

你就是向导

要将你的班级和学生当作即将发生的故事……

如果学生的学习是进行一次冒险，他们掌控自己的学习，那老师的角色是什么呢？

作为一名教师，我们通常扮演着向导的角色，然后让故事人物（全班学生或某个学生）去进行实践。然而，有时我们也可以为故事人物选择其他向导（不一定非要是我们自己），这些向导或许可以更好地为学生提供帮助。

可能，这会让人感到卑微。从你变成"向导"的那一刻起，你就已经放弃了权力和控制。此时，学生可以自己做出更多的决定，拥有主导权。另外，成为一名"向导"会让你觉得自己的作用被削弱了。

那么，成为"一旁的向导"就真的没有影响力了吗？

答案是否定的。事实上，向导仍然具有很强的影响力。

想想史诗故事中这些神奇的向导：

甘道夫[①]　　　　尤达[②]　　　　卷毛老师[③]

　　他们怀疑过自己的影响力吗？尤其是卷毛老师，在指导方面，她比甘道夫做得更好。因为甘道夫总是会说"你休想通过"（甘道夫可能实际上是在阻止某个恶魔），而卷毛老师则确保大家都在学习。

　　这些向导都有一个共同点，那就是他们都能通过建立良好的人际关系来发挥自己的重要作用，而且都能够辨识出人群中的那些英雄人物。

　　约瑟夫·坎贝尔发明了"英雄之旅"一词，用以表示史诗故事中的

[①] 甘道夫，英国作家J. R. R. 托尔金史诗奇幻小说《精灵宝钻》《霍比特人》和《魔戒》中的人物。——译者注

[②] 尤达，"星球大战"系列电影中的人物。——译者注

[③] 卷毛老师，英国作家乔安娜·柯尔所作的儿童科普类读物《神奇校车》中的主角。——译者注

结构。英雄一路上困难重重，最终实现了脱胎换骨的改变，而向导在其中扮演了十分重要的角色。

每个项目都是一个故事

每个学年都是一部大型史诗片（或史诗连续剧），而每个项目都有可能成为一部史诗故事。学生是其中的主人公，他们能够突破重重阻碍，在这一过程中收获富有意义的经验。

故事成分	项目成分
主角	学生：主导整个故事情节
向导	教师：对学生进行指导
冲突	学生关心的问题
主题	其中深刻的教育意义
背景	现实环境
煽动性事件	由此开始探究
高潮	学生创造、解决问题及发布作品的过程
结果	学生被赋能

创造你的班级故事

教学并非易事。同时，对于许多学生来说，学习可能像是一场搏斗。作为教育工作者，我们一直在重复教与学的过程。我们推动学生前进，同时又挑战他们，然后，对学生给予支持和引导。这一过程并不容易，所以我们总会茫然无措。也正因如此，许多老师变得十分倦怠……所以，许多学生才开始对学校有所抱怨。

然而，如果我们把每一学年都看作一段旅程——不仅有终点而且会通往新的旅程——那么，我们的心态就会发生转变，不会再觉得教学是件苦差事，而是在创造一则精彩的故事。

当你在学年之初（或课程之初）跟学生谈话时，你要让他们清楚即将踏上的这段旅程，因为正如米勒指出的那样，人们会更容易通过故事理解一些复杂的概念。

如果你想让人们理解并认同某个复杂概念，那就用故事的形式把它讲出来吧。

故事情节通常会让人恍然大悟，突然明白别人想要说明的内容。因此，如果你能讲好故事，便能很快建立起较为亲密的人际关系。

实际上，你不仅仅是站在一旁的向导。

在教育领域中，有这样一种流行的说法：老师必须是"站在一旁的向导"，而非"讲台上的圣人"。这种观念认为，我们应该站在一旁，指导学生学习，而不应对学生说教，告诉他们该学些什么。

但这种说法并不准确。许多老师（包括我自己）都经常忘记下面这点：

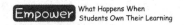

有时，故事的主角不是学生，而是老师。

在一学年中，有许多次都是我的学生来指导我，让我行动起来。

我们共同参与着这场冒险，我们都在互相学习。

事实上，当我和他们一起冒险、一起努力、相互学习时，我们才能创造出最精彩的故事。尽管在此期间，我们会遇到各种挫折，但好在我们能够和学生一起经历风雨，茁壮成长。

如果我们把学生的学习故事视为一场师生间一起开始的旅程，并在其中发挥积极作用，那么，我们就不仅仅是站在一旁的向导。

我们是积极的向导。

我们要积极参与这场冒险。在此期间，我们也将拥有和学生一样的收获。

为学生赋能，让他们书写自己的学习过程的故事，让他们进行创造、设计与探索，这将极大地影响他们（以及他人）的生活。

第十二章

为学生赋能，从这里开始

THE STARTING POINT FOR
EMPOWERING YOUR STUDENTS

一、从一个项目开始

让学生拥有主导权是一个宏大的理念，老师需要花费一定时间在以下方面建立一套体系，比如学生自主选择老师进行哪些干预，自主选择要充实哪些内容的学习，自我进行评估。

当你刚开始这段旅程时，可能要花费数年时间弄清楚，究竟哪种方式是有效的。但这没有关系，学生每多拥有一点主导权，就代表我们在这段探索之旅中又前进了一步。

有时候，你可以先从一个项目开始，一个让学生有选择权的项目。这让你有时间规划及反思，同时，继续以让你感觉舒服的方式教学。这个项目可能会花费你大概两周的时间。也有可能持续一天，比如春假的前一天及州立考试的最后一天。

接下来，我们将对其中一些项目进行探究，你可以利用这些项目开始为学生赋能。

"好奇周项目"是以探究为基础的，持续时间一周，学生可以提出任何他们感兴趣的问题。这些问题是他们在学校中从未有机会得到回答的问题。

永远不要忘记拥抱好奇心。

天才一小时

如果你想让学生们完全独立进行某个项目，而且希望项目周期较长的话，那么你可以试试"天才一小时"。在此项目中，学生们每周会在固定的时间中独立进行某个从一开始就由自己设计的项目。

"天才一小时"是一种创新式的选择方式，其灵感来自谷歌为员工设计的"20%时间"项目。在此项目中，谷歌会每周选一天来让其员工进行自己感兴趣的项目。这些独立的项目已经为谷歌带来了很多前所未有的创新思路。

这可能看起来在课堂上很难实施，但其实是可以的。

学生可以对自己的独立项目进行规划和管理。一些学生会独自进行，而有些则会和其他人协同进行。其中一些项目以问题和研究为起点，而有一些项目则是学生学习如何创作一些创新的东西。项目的关键是要灵活。

创建博客

这个想法不难实现。就是学生们根据自己感兴趣的主题或话题来创建博客。我们首先要浏览一些经典的博客（学生们有机会在这一过程中接触到非常棒的非虚构类文章），让他们体会一下目前的流行趋势。他们可能会看到美食博客、滑板博客、体育博客、时尚博客、游戏博客、汽车博客、历史博客及科学博客等内容。

接下来，他们开始创建某一主题的博客。首先，他们要确定博客的吸引点是什么，目标受众是谁，然后就可以开始创作各种类型的博文：

1. 他们可以自己决定创作视频、音频还是文本类型的博文。

2. 他们可以自己决定博文的主题。

3.他们可以自己进行研究，然后将其发现与同学进行分享。

4.他们可以创作清单体文章、问与答的文章；可以进行一些采访，也可以写一些充满人情味的故事；可以写一些说理型文章，也可以对某种过程进行说明。

通过创建博客，学生们可以自己掌控整个写作过程，从确定话题及受众到进行研究、写作、编辑及发布，他们都拥有主导权。他们还可以自己决定每篇博文的类型及文体。最终，有了这些经验之后，他们会变得非常专业。

二、与可靠的同事进行合作

在第一次开始转型为学生主导型班级时，我当时感觉孤立无援。我不想看起来与大家"格格不入"，所以不想去冒险。当我有重大失误时，我也没和任何人分享我的挫败，因为我知道他们会说：

- "你太理想主义了。"
- "或许学生就不应该在学习方面拥有这么大的主导权。"
- "给他们太多主导权会让他们变得自私。"

然而，在转型后的第二年，我结识了一位新老师，他叫加维尔（Javier）。我们当时关系很好，而且相互信任。我们经常会相互诉说自己的成功与失败经历。我们完全信任彼此。后来，我们慢慢地开始在一些项目上进行合作。此时，我不再孤立无援了，因此进行创造性冒险时也不再那么艰难。

三、重新审视课堂

我们应该对课堂教学过程进行重新审视，要问自己："在我为学生所做的这些事中，有哪些他们能够自己完成？"这不仅能够使学生们拥有更多的主导权，还能够使老师多腾出一些时间来进行一些指导性活动，而少做一些管理性工作。

闭上眼睛，想象自己是一名学生。在教室里待上一节课的时间或一整天，想象一下，如果你自己是一名学生，你想由自己来做些什么。

这种换位思考能够使人恍然大悟。当我这样做时，我才发现大多数教学过程都是为我（老师）而设计的，是为了能让我自己更加舒服。这些过程并没有围绕学生来进行。而当学生们在更多的过程中拥有主导权时，实际上这一切会变得更有秩序，更有条理，因为此时学生们不需要再去琢磨如何来遵循外部系统。

问问自己，目前有哪些系统可以重新进行灵活设计。

四、重新思考标准

你可能自己有一套标准，还有与之相配套的课程框架，甚至可能还有某个一定要上的课程。

我们可以将标准看作是一种可以进行选择的结构。它更像是一种蓝图，而你可以对它进行改造、装饰，让它为你所有。

看看这些标准，然后进行以下思考：

1. 标准中的哪一部分是没有针对具体内容的？学生能自己选择主题或话题吗？

2. 其中的哪一部分能够与其他标准相联系？我们可以将其进行整合，然后分为不同层次吗？

3. 在使用这一标准时，学生可以做出哪些选择？

4. 学生如何选择与这一标准相关的策略？

五、与利益相关者进行沟通

有时候，让学生拥有主导权看起来好像是对父母或校长不够负责。因为你让"孩子们掌控一切"，所以你可能看上去像是在"开玩笑"。

我们应该将自己的愿景告诉管理者、同事及学生家长。用数据向家长说明，让学生拥有主导权会使他们在课堂中更加积极，更加专注。而且要让大家清楚，这种方式并不意味着学生们想做什么就做什么。

要让管理者知道，你的课堂中仍然存在结构、规则和期望。另外，当和他们沟通设计思维和探究性学习时，可以用"试用"这个词。

你可以说："我想试试'天才一小时'项目"，也可以说："我们想试用设计思维，因为这种框架在艺术、商业和工程领域中都在使用。"将这些话说给管理者和家长们之后，他们可能就会理解我们的做法，能够理解让学生自己进行选择并不意味着放手不管，也不意味着让他们自娱自乐。

六、进行示范

学生们有时可能会不太适应你所给出的大量选择，所以你可能需要教学生们如何选择恰当的干预，如何选择要充实的内容，如何管理自己的项目以及在遇到困难时如何做出决定。

要循序渐进地来进行这一过程。当你第一次学习某种技能时，你可能要看大量的视频，要去模仿其他人，要听专家进行指导，而且会很害怕去冒险。你会一直想自己做得到底对不对。

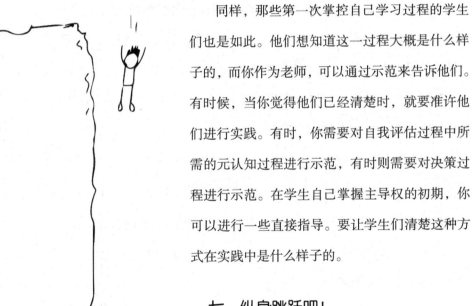

同样，那些第一次掌控自己学习过程的学生们也是如此。他们想知道这一过程大概是什么样子的，而你作为老师，可以通过示范来告诉他们。有时候，当你觉得他们已经清楚时，就要准许他们进行实践。有时，你需要对自我评估过程中所需的元认知过程进行示范，有时则需要对决策过程进行示范。在学生自己掌握主导权的初期，你可以进行一些直接指导。要让学生们清楚这种方式在实践中是什么样子的。

七、纵身跳跃吧！

这必定是一段艰险之路，而且失误在所难免，但这种

153

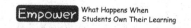

冒险却意义非凡。

让学生拥有主导权有什么益处

壁画项目

这种项目很简单。之前有三个女生注意到，每次我们清理完校园里的涂鸦后，24小时之内一般还会死灰复燃。她们觉得自己的安全没有保障，所以有点害怕，因此，她们想将这一问题彻底解决。起初，她们想通过筹钱来安装监控系统，也考虑过建立一个邻里监督组织。

而正当她们斟酌之时，出现了这样一种现象。许多涂鸦者认为自己是涂鸦艺术家，然后在废旧的工业区里涂上自己的名字。但这并非帮派式的恐吓之举，而是他们想要出名。虽然这种破坏行为终究是不对的，但这却使得几个女孩对涂鸦有了新的认识。

她们有了一个大胆的想法。

其中一个女孩交给我（约翰）一份长达两页之多的项目规划。还没等我开始看时，她便迫不及待地开始说出自己的想法："我们想以艺术化的方式来去掉这些涂鸦，我们觉得这些涂鸦者不会碰这些艺术品的。"

"像艺术画廊那样？"

"不是，是壁画那种。我们进行壁画创作。"

然后，她用五分钟的时间向我描述了项目完成后校园会是什么样子。然后，我们将这一想法上报给了校长，而且很快就获得了批准。

这一项目很宏大，而现在只是开始。学生们分成了若干个小组，从所用材料到具体过程，再到整体设计概念，他们都需要一同进行规划。我们确定了壁画主打移民的概念，使之时刻提醒我们：我们是文化的大杂烩。迈克尔（Michael）（一位学生）就这个概念画出了壁画的轮廓，然后我们以网格的形式画在墙上。

他们在这一过程中拥有了主导权。

我们用了一个星期的时间来进行设计，其中五名学生利用上学前的时间来进行，而另外七名则利用放学后的时间。我们第一次开始绘画工作是在周六，当时太阳刚刚升起，十二个人带着一脸的倦意开始了绘画工作。他们挥舞着刷子，将一面面空空的白墙绘成了一件件艺术之作。很快，一幅幅精美的壁画便呈现在了我们面前。

但这一过程并非一帆风顺，我们也出现过许多失误，甚至还出现过有学生因受挫而发脾气走开的情况。但无论怎样，我们一直坚持着这两个原则：

1. 可以犯错，这样才能有所收获。

2. 每个人都是艺术家，所以每个人都有发言权。

四个小时后，我们开始走上了正轨。完成之后，我开车离开了，但不确定会不会在周一早上壁画被涂鸦盖上（确实很有可能）。

最后，壁画安然无恙。虽然那些人还继续在学校的其他地方涂鸦，但他们却不碰壁画。这些壁画像是凝聚了创造力和学生想法的"原力场"，让人不忍破坏。我们花了两个月的时间来创作壁画，而且还偶然美化了一部分人行道（因为没用罩单①而不小心弄上的）。

这些画安然无恙。

整个夏天，这幅壁画一直都像是在勇敢地向邻里宣称：我们很团结。第二年时，我们又创作了两幅壁画。

最初的一个项目最终发展成了一场运动。

三年来，我们一共创作了五幅壁画。我们感到很骄傲。我想象着，旁边那所小学的学生可能会在上学途中驻足观看。

妈妈可能会对孩子说："以后你也要画一个。"

但大约在我们进行到第三年时，我们的领导层发生了变化，然后突然之间，一切都发生了改变。当时，春假过后，墙壁又被涂回了白色，而官方给出的理由是：这些壁画"不太专业"，而且本校已从中学改为K–8教育制学校，所以要有"新的开始"。

"那我们费这么大劲干吗？"一个男孩强忍泪水说道。

"也许我们可以……"

"斯宾塞老师，我什么都不想画了。我要把我的博客设置为不公开。你永远都不知道那些仇恨者什么时候会出现。我已经分享过我的作品了，我不想再继续了。"

---

① 罩单，一种防止家具或地板落上灰尘或弄上油漆所用的布。——译者注

我看着他的眼睛，说道：

"如果你不将自己的想法展示出来，那么其实你是从世界剥夺了你的创造力。而我是不会让你这么做的。"

那天下午，当我回家时，我突然想到，在我初二年级的时候，斯穆特老师也和我说了同样的话。

我意识到，壁画项目的真正作用是为学生赋能。只有他们自己掌控了学习过程，那么他们才能做到与众不同。

项目不胜枚举，技术日新月异，思想也随着时间变化更迭。是的，大家创作了一些壁画。但在某种程度上，所有的艺术都是暂时的。而有些东西你则无法带走，那便是学生们在创造时所形成的心态。而此时，他们的生活便会发生改变。从此，世界将有所变化，他们自己也会走向成功。

诚邀你来进行创新

你可以……

- 重新制定规则。

- 挑战现状。

- 让学生在学习过程中拥有主导权。

- 改变世界。

作者简介
ABOUT THE AUTHORS

 约翰·斯宾塞热衷于通过设计思维让学生成为有创造力的思考者。他曾在市区的中学任教12年之久，现在是一名全职教育技术教授，同时也是创造力、设计思维和学生参与度方面的领导者。

约翰的目标是每天都创造一些新的事物。他是两家教育类创业公司的联合创始人，也和别人一起出版过一本儿童畅销书籍。

约翰·斯宾塞很希望看到教育工作者能够拥有设计思维和创造力。在过去的几年中，他和许多不同的观众都分享过这一愿景，其中包括他在白宫发表的关于未来教育的演讲，以及他在TEDx上关于创造力的演讲。在主旨演讲、全天候工作坊及在线职业发展培训中，约翰的演讲风格既引人入胜又发人深省，而且还十分幽默。作为一名图书作家、一名成功的创业公司的联合创始人、一位获奖的优秀教师及一名大学教授，他为我们提供了一种独特的视角。他将课堂经验、行业经验和研究经验结合在一起，以一种平易近人及中肯的风格，打造出具有创新性、全面性及实用性的学习体验。

作为一名父亲，他喜欢和他的孩子们一起做东西，他们会画像"塔可·托尼"这样的漫画，用回收材料建造一个过山车模型，并且用乐高积木来建造一个城市。

约翰通过他的博客（spencerideas.org）和他的插图视频（sketchyvideos.com）分享了他对创新型课堂的看法。

A. J. 朱利安尼是创新、设计思维和探究式学习领域的著名教育家。朱利安尼曾是一名初高中英语教师、一名中小学技术开发人员，目前是一名公立学区的管理人员，是一名教育及技术创新专家。

A. J. 在基础教育（中小学教育）的各个阶段都有工作经验，同时也具有家长的视角。他会鼓励教育工作者不仅要有意识地去创新，还要探究怎样以学生为中心进行教学实践。

A. J. 著有《课堂中的提问与创新》与《自主选择地学习》，这些书主要围绕学生自主选择、创新性学习及参与度进行讲述。A. J. 有四个孩子，他认为我们必须有意识地进行创新，以便为所有学生创造一个更好的未来。你可以通过他的博客"Intentional Innovation"（"有意识的创新"）与他联系，博客地址ajjuliani.com。

"常青藤"书系—中青文教师用书总目录

书名	书号	定价
特别推荐——从优秀到卓越系列		
★ 从优秀教师到卓越教师：极具影响力的日常教学策略	9787515312378	33.80
★ 从优秀教学到卓越教学：让学生专注学习的最实用教学指南	9787515324227	39.90
★ 从优秀学校到卓越学校：他们的校长在哪些方面做得更好	9787515325637	59.90
★ 卓越课堂管理（中国教育新闻网2015年度"影响教师的100本书"）	9787515331362	88.00
名师新经典/教育名著		
最难的问题不在考试中：先别教答案，带学生自己找到想问的事	9787515365930	48.00
在芬兰中小学课堂观摩研修的365日	9787515363608	49.00
★ 马文·柯林斯的教育之道：通往卓越教育的路径（《中国教育报》2019年度"教师喜爱的100本书"，中国教育新闻网"影响教师的100本书"。朱永新作序，李希贵力荐）	9787515355122	49.80
★ 如何当好一名学校中层：快速提升中层能力、成就优秀学校的31个高效策略	9787515346519	49.00
★ 像冠军一样教学：引领学生走向卓越的62个教学诀窍	9787515343488	49.00
像冠军一样教学2：引领教师掌握62个教学诀窍的实操手册与教学资源	9787515352022	68.00
★ 如何成为高效能教师	9787515301747	89.00
★ 给教师的101条建议（第三版）（《中国教育报》"最佳图书"奖）	9787515342665	49.00
★ 改善学生课堂表现的50个方法（入选《中国教育报》"影响教师的100本书"）	9787500693536	33.00
改善学生课堂表现的50个方法操作指南：小技巧获得大改变	9787515334783	39.00
美国中小学世界历史读本/世界地理读本/艺术史读本	9787515317397等	106.00
美国语文读本1-6	9787515314624等	252.70
和优秀教师一起读苏霍姆林斯基	9787500698401	27.00
快速破解60个日常教学难题	9787515339320	39.90
★ 美国最好的中学是怎样的——让孩子成为学习高手的乐园	9787515344713	28.00
建立以学习共同体为导向的师生关系：让教育的复杂问题变得简单	9787515353449	33.80
教师成长/专业素养		
如何更积极地教学	9787515369594	49.00
教师的专业成长与评价性思考：专业主义如何影响和改变教育	9787515369143	49.90
精益教育与可见的学习：如何用更精简的教学实现更好的学习成果	9787515368672	59.00
教学这件事：感动几代人的教师专业成长指南	9787515367910	49.00
如何更快地变得更好：新教师90天培训计划	9787515365824	59.90
让每个孩子都发光：赋能学生成长、促进教师发展的KIPP学校教育模式	9787515366852	59.00
60秒教师专业发展指南：给教师的239个持续成长建议	9787515366739	59.90
通过积极的师生关系提升学生成绩：给教师的行动清单	9787515356877	49.00
卓越教师工具包：帮你顺利度过从教的前5年	9787515361345	49.00
★ 可见的学习与深度学习：最大化学生的技能、意志力和兴奋感	9787515361116	45.00
学生教给我的17件重要的事：带给你爱、勇气、坚持与创意的人生课堂	9787515361208	39.80
★ 教师如何持续学习与精进	9787515361109	39.00
从实习教师到优秀教师	9787515358673	39.90
像领袖一样教学：改变学生命运，使学生变得更好（中国教育新闻网2015年度"影响教师的100本书"）	9787515355375	49.00
★ 你的第一年：新教师如何生存和发展	9787515351599	33.80
教师精力管理：让教师高效教学，学生自主学习	9787515349169	39.90
如何使学生成为优秀的思考者和学习者：哈佛大学教育学院课堂思考解决方案	9787515348155	49.90
反思性教学：一个已被证明能让教师做到更好的培训项目（30周年纪念版）	9787515347837	59.90
★ 凭什么让学生服你：极具影响力的日常教育策略（中国教育新闻网2017年度"影响教师的100本书"）	9787515347554	39.90
运用积极心理学提高学生成绩（中国教育新闻网2017年度"影响教师的100本书"）	9787515345680	59.90
可见的学习与思维教学：成长型思维教学的54个教学资源：教学资源版	9787515354743	36.00

	书名	书号	定价
★	可见的学习与思维教学：让教学对学生可见，让学习对教师可见（中国教育报2017年度"教师最喜爱的100本书"）	9787515345000	39.90
	教学是一段旅程：成长为卓越教师你一定要知道的事	9787515344478	39.00
	安奈特·布鲁肖写给教师的101首诗	9787515340982	35.00
	万人迷老师养成宝典学习指南	9787515340784	28.00
	中小学教师职业道德培训手册：师德的定义、养成与评估	9787515340777	32.00
	成为顶尖教师的10项修炼（中国教育新闻网2015年度"影响教师的100本书"）	9787515334066	49.90
★	T. E. T. 教师效能训练：一个已被证明能让所有年龄学生做到最好的培训项目（30周年纪念版）（中国教育新闻网2015年度"影响教师的100本书"）	9787515332284	49.00
	教学需要打破常规：全世界最受欢迎的创意教学法（中国教育新闻网2015年度"影响教师的100本书"）	9787515331591	45.00
	给幼儿教师的100个创意：幼儿园班级设计与管理	9787515330310	39.90
	给小学教师的100个创意：发展思维能力	9787515327402	29.00
	给中学教师的100个创意：如何激发学生的天赋和特长 / 杰出的教学 / 快速改善学生课堂表现	9787515330723等	87.90
	以学生为中心的翻转教学11法	9787515328386	29.00
	如何使教师保持职业激情	9787515305868	29.00
★	如何培训高效能教师：来自全美权威教师培训项目的建议	9787515324685	39.90
	良好教学效果的12试金石：每天都需要专注的事情清单	9787515326283	29.90
★	让每个学生主动参与学习的37个技巧	9787515320526	45.00
	给教师的40堂培训课：教师学习与发展的最佳实操手册	9787515352787	39.90
	提高学生学习效率的9种教学方法	9787515310954	27.80
★	优秀教师的课堂艺术：唤醒快乐积极的教学技能手册	9787515342719	26.00
★	万人迷老师养成宝典（第2版）（入选《中国教育报》"2010年影响教师的100本书"）	9787515342702	39.00
	高效能教师的9个习惯	9787500699316	26.00
课堂教学/课堂管理			
	好的教学是设计出来的：一套详细、先进、实用的卓越课堂设计和实施方案	9787515370705	49.00
	翻转课堂与差异化教学：以学生为中心的课内翻转教学法	9787515370590	49.00
	精益备课法：在课堂上少做多得的实用方法	9787515370088	49.00
	记忆教学法：利用记忆在课堂上建立深入和持久的学习	9787515370095	49.00
	动机教学法：利用学习动机科学来提高课堂上的注意力和努力	9787515370101	49.00
★	课堂上的提问逻辑：更深度、更系统地促进学生的学习与思考	9787515369983	49.90
	可见的教学影响力：系统地执行可见的学习5D深度教学	9787515369624	59.00
	极简课堂管理法：给教师的18个精进课堂管理的建议	9787515369600	49.00
★	像行为管理大师一样管理你的课堂：给教师的课堂行为管理解决方案	9787515368108	59.00
	差异化教学与个性化教学：未来多元课堂的智慧教学解决方案	9787515367095	49.90
	如何设计线上教学细节：快速提升线上课程在线率和课堂学习参与度	9787515365886	49.00
	设计型学习法：教学与学习的重新构想	9787515366982	59.00
	让学习真正在课堂上发生：基于学习状态、高度参与、课堂生态的深度教学	9787515366975	49.00
	让教师变得更好的75个方法：用更少的压力获得更快的成功	9787515365831	49.00
	技术如何改变教学：使用课堂技术创造令人兴奋的学习体验，并让学生对学习记忆深刻	9787515366661	49.00
	课堂上的问题形成技术：老师怎样做，学生才会提出好的问题	9787515366401	45.00
	翻转课堂与项目式学习	9787515365817	45.00
★	优秀教师一定要知道的19件事：回答教师核心素养问题，解读为什么要向优秀者看齐	9787515366630	39.00
	从作业设计开始的30个创意教学法：运用互动反馈循环实现深度学习	9787515366364	59.00
	基于课堂中精准理解的教学设计	9787515365909	49.00
	如何创建培养自主学习者的课堂管理系统	9787515365879	49.00
	如何设计深度学习的课堂：引导学生学习的176个教学工具	9787515366715	49.90
	如何提高课堂创意与参与度：每个教师都可以使用的178个教学工具	9787515365763	49.90

书名	书号	定价
如何激活学生思维：激励学生学习与思考的187个教学工具	9787515365770	49.90
男孩不难教：男孩学业、态度、行为问题的新解决方案	9787515364827	49.00
★ 高度参与的线上线下融合式教学设计：极具影响力的备课、上课、练习、评价项目教学法	9787515364438	49.00
★ 跨学科项目式教学：通过"+1"教学法进行计划、管理和评估	9787515361086	49.00
课堂上最重要的56件事	9787515360775	35.00
★ 全脑教学与游戏教学法	9787515360690	39.00
★ 深度教学：运用苏格拉底式提问法有效开展备课设计和课堂教学	9787515360591	49.90
★ 一看就会的课堂设计：三个步骤快速构建完整的课堂管理体系	9787515360584	39.90
如何有效激发学生学习兴趣	9787515360577	38.00
如何解决课堂上最关键的9个问题	9787515360195	49.00
多元智能教学法：挖掘每一个学生的最大潜能	9787515359885	39.90
★ 探究式教学：让学生学会思考的四个步骤	9787515359496	39.00
课堂提问的技术与艺术	9787515358925	49.00
如何在课堂上实现卓越的教与学	9787515358321	49.00
基于学习风格的差异化教学	9787515358437	39.90
★ 如何在课堂上提问：好问题胜过好答案	9787515358253	39.00
★ 高度参与的课堂：提高学生专注力的沉浸式教学	9787515357522	39.90
让学习变得有趣	9787515357782	39.00
★ 如何利用学校网络进行项目式学习和个性化学习	9787515357591	39.90
基于问题导向的互动式、启发式与探究式课堂教学法	9787515356792	49.00
如何在课堂中使用讨论：引导学生讨论式学习的60种课堂活动	9787515357027	38.00
如何在课堂中使用差异化教学	9787515357010	39.90
★ 如何在课堂中培养成长型思维	9787515356754	39.90
每一位教师都是领导者：重新定义教学领导力	9787515356518	39.90
★ 教室里的1-2-3魔法教学：美国广泛使用的从学前到八年级的有效课堂纪律管理	9787515355986	39.90
如何在课堂中使用布卢姆教育目标分类法	9787515355658	39.00
如何在课堂上使用学习评估	9787515355597	39.00
7天建立行之有效的课堂管理系统：以学生为中心的分层式正面管教	9787515355269	29.90
积极课堂：如何更好地解决课堂纪律与学生的冲突	9787515354590	38.00
设计智慧课堂：培养学生一生受用的学习习惯与思维方式	9787515352770	39.00
追求学习结果的88个经典教学设计：轻松打造学生积极参与的互动课堂	9787515353524	39.00
从备课开始的100个课堂活动设计：创造积极课堂环境和学习乐趣的教师工具包	9787515353432	33.80
老师怎么教，学生才能记得住	9787515353067	48.00
多维互动式课堂管理：50个行之有效的方法助你事半功倍	9787515353395	39.80
智能课堂设计清单：帮助教师建立一套规范程序和做事方法	9787515352985	49.90
提升学生小组合作学习的56个策略：让学生变得专注、自信、会学习	9787515352954	29.90
快速处理学生行为问题的52个方法：让学生变得自律、专注、爱学习	9787515352428	39.00
王牌教学法：罗恩·克拉克学校的创意课堂	9787515352145	39.80
让学生快速融入课堂的88个趣味游戏：让上课变得新颖、紧凑、有成效	9787515351889	39.00
★ 如何调动与激励学生：唤醒每个内在学习者（李希贵校长推荐全校教师研读）	9787515350448	39.80
合作学习技能35课：培养学生的协作能力和未来竞争力	9787515340524	59.00
基于课程标准的STEM教学设计：有趣有料有效的STEM跨学科培养教学方案	9787515349879	68.00
如何设计教学细节：好课堂是设计出来的	9787515349152	39.00
15秒课堂管理法：让上课变得有料、有趣、有秩序	9787515348490	49.00
混合式教学：技术工具辅助教学实操手册	9787515347073	39.80
从备课开始的50个创意教学法	9787515346618	39.00
中学生实现成绩突破的40个引导方法	9787515345192	33.00
给小学教师的100个简单的科学实验创意	9787515342481	39.00

书名	书号	定价
老师如何提问，学生才会思考	9787515341217	49.00
教师如何提高学生小组合作学习效率	9787515340340	39.00
卓越教师的200条教学策略	9787515340401	49.90
中小学生执行力训练手册：教出高效、专注、有自信的学生	9787515335384	49.90
从课堂开始的创客教育：培养每一位学生的创造能力	9787515342047	33.00
提高学生学习专注力的8个方法：打造深度学习课堂	9787515333557	35.00
改善学生学习态度的58个建议	9787515324067	36.00
★ 全脑教学（中国教育新闻网2015年度"影响教师的100本书"）	9787515323169	38.00
★ 全脑教学与成长型思维教学：提高学生学习力的92个课堂游戏	9787515349466	39.00
★ 哈佛大学教育学院思维训练课：让学生学会思考的20个方法	9787515325101	59.90
完美结束一堂课的35个好创意	9787515325163	28.00
如何更好地教学：优秀教师一定要知道的事	9787515324609	49.90
带着目的教与学	9787515323978	39.90
★ 美国中小学生社会技能课程与活动（学前阶段/1-3年级/4-6年级/7-12年级）	9787515322537等	215.70
彻底走出教学误区：开启轻松智能课堂管理的45个方法	9787515322285	28.00
破解问题学生的行为密码：如何教好焦虑、逆反、孤僻、暴躁、早熟的学生	9787515322292	36.00
13个教学难题解决手册	9787515320502	28.00
★ 让学生爱上学习的165个课堂游戏	9787515319032	59.00
美国学生游戏与素质训练手册：培养孩子合作、自尊、沟通、情商的103种教育游戏	9787515325156	49.00
老师怎么说，学生才会听	9787515312057	39.00
快乐教学：如何让学生积极与你互动（入选《中国教育报》"影响教师的100本书"）	9787500696087	29.00
★ 老师怎么教，学生才会提问	9787515317410	29.00
★ 快速改善课堂纪律的75个方法	9787515313665	39.90
★ 教学可以很简单：高效能教师轻松教学7法	9787515314457	39.00
★ 好老师可以避免的20个课堂错误（入选《中国教育报》"影响教师的100本图书"）	9787500688785	39.90
★ 好老师应对课堂挑战的25个方法（《给教师的101条建议》作者新书）	9787500699378	25.00
★ 好老师激励后进生的21个课堂技巧	9787515311838	39.80
★ 开始和结束一堂课的50个好创意	9787515312071	29.80
好老师因材施教的12个方法（美国著名教师伊莉莎白"好老师"三部曲）	9787500694847	22.00
★ 如何打造高效能课堂	9787500680666	29.00
合理有据的教师评价：课堂评估衡量学生进步	9787515330815	29.00
班主任工作/德育		
30年班主任，我没干够（《凭什么让学生服你》姊妹篇）	9787515370569	59.00
★ 北京四中8班的教育奇迹	9787515321608	36.00
★ 师德教育培训手册	9787515326627	29.80
★ 好老师征服后进生的14堂课（美国著名教师伊莉莎白"好老师"三部曲）	9787500693819	39.90
优秀班主任的50条建议：师德教育感动读本（《中国教育报》专题推荐）	9787515305752	23.00
学校管理/校长领导力		
★ 哈佛大学教育学院学校创新管理课	9787515369389	59.90
如何构建积极型学校	9787515368818	49.90
卓越课堂的50个关键问题	9787515366678	39.00
如何培育卓越教师：给学校管理者的行动清单	9787515357034	39.00
★ 学校管理最重要的48件事	9787515361055	39.80
重新设计学习和教学空间：设计利于活动、游戏、学习、创造的学习环境	9787515360447	49.90
重新设计一所好学校：简单、合理、多样化地解构和重塑现有学习空间和学校环境	9787515356129	49.00
让樱花绽放英华	9787515355603	79.00
学校管理者平衡时间和精力的21个方法	9787515349886	29.90
校长引导中层和教师思考的50个问题	9787515349176	29.00
如何定义、评估和改变学校文化	9787515340371	29.80
优秀校长一定要做的18件事（入选《中国教育报》"2009年影响教师的100本书"）	9787515342733	39.90

书名	书号	定价
学科教学/教科研		
精读三国演义20讲：读写与思辨能力提升之道	9787515369785	59.90
中学古文观止50讲：文言文阅读能力提升之道	9787515366555	59.90
完美英语备课法：用更短时间和更少材料让学生高度参与的100个课堂游戏	9787515366524	49.00
人大附中整本书阅读取胜之道：让阅读与作文双赢	9787515364636	59.90
北京四中语文课：千古文章	9787515360973	59.00
北京四中语文课：亲近经典	9787515360980	59.00
从备课开始的56个英语创意教学：快速从小白老师到名师高手	9787515359878	49.90
美国学生写作技能训练	9787515355979	39.90
《道德经》妙解、导读与分享（诵读版）	9787515351407	49.00
京沪穗江浙名校名师联手教你：如何写好中考作文	9787515356570	49.90
京沪穗江浙名校名师联手授课：如何写好高考作文	9787515356686	49.80
★ 人大附中中考作文取胜之道	9787515345567	59.90
★ 人大附中高考作文取胜之道	9787515320694	49.90
★ 人大附中学生这样学语文：走近经典名著	9787515328959	49.90
四界语文（入选《中国教育报》2017年度"教师喜爱的100本书"）	9787515348483	49.00
让小学一年级孩子爱上阅读的40个方法	9787515307589	39.90
让学生爱上数学的48个游戏	9787515326207	26.00
轻松100课教会孩子阅读英文	9787515338781	88.00
情商教育/心理咨询		
如何防止校园霸凌：帮助孩子自信、有韧性和坚强成长的实用工具	9787515370156	59.90
连接课：与中小学学科课程并重的一门课	9787515370613	49.90
给大人的关于儿童青少年情绪与行为问题的应对指南	9787515366418	89.90
教师焦点解决方案：运用焦点解决方案管理学生情绪与行为	9787515369471	49.90
9节课，教你读懂孩子：妙解亲子教育、青春期教育、隔代教育难题	9787515351056	39.80
★ 学生版盖洛普优势识别器（独一无二的优势测量工具）	9787515350387	169.00
与孩子好好说话（获"美国国家育儿出版物（NAPPA）金奖"）	9787515350370	39.80
中小学心理教师的10项修炼	9787515309347	36.00
★ 别和青春期的孩子较劲（增订版）（入选《中国教育报》"2009年影响教师的100本书"）	9787515343075	39.90
★ 100条让孩子胜出的社交规则	9787515327648	28.00
守护孩子安全一定要知道的17个方法	9787515326405	32.00
幼儿园/学前教育		
幼儿园室内区域活动书：107个有趣的学习游戏活动	9787515369778	59.90
幼儿园户外区域活动书：106个有趣的学习游戏活动	9787515369761	59.90
中挪学前教育合作式学习：经验·对话·反思	9787515364858	79.00
幼小衔接听读能力课	9787515364643	33.00
用蒙台梭利教育法开启0~6岁男孩潜能	9787515361222	45.00
德国幼儿的自我表达课：不是孩子爱闹情绪，是她/他想说却不会说！	9787515359458	59.00
德国幼儿教育成功的秘密：近距离体验德国学前教育理念与幼儿园日常活动安排	9787515359465	49.80
美国儿童自然拼读启蒙课：至关重要的早期阅读训练系统	9787515351933	49.80
幼儿园30个大主题活动精选：让工作更轻松的整合技巧	9787515339627	39.80
★ 美国幼儿教育活动大百科：3-6岁儿童学习与发展指南用书 科学／艺术／健康与语言／社会	9787515324265等	600.00
蒙台梭利早期教育法：3-6岁儿童发展指南（理论版）	9787515322544	29.80
蒙台梭利儿童教育手册：3-6岁儿童发展指南（实践版）	9787515307664	33.00
★ 自由地学习：华德福的幼儿园教育	9787515328300	49.90
教育主张/教育视野		
重新定义教育：为核心素养而教，为生存能力而学	9787515369945	59.90
重新定义学习：如何设计未来学校与引领未来学习	9787515367484	49.90
教育新思维：帮助孩子达成目标的实战教学法	9787515365848	49.00
学习是如何发生的：教育心理学中的开创性研究及其实践意义	9787515366531	59.90

书名	书号	定价
父母不应该错过的犹太人育儿法	9787515365688	59.00
如何在线教学：教师在智能教育新形态下的生存与发展	9787515365855	49.00
正向养育：黑幼龙的慢养哲学	9787515365671	39.90
颠覆教育的人：蒙台梭利传	9787515365572	59.90
如何科学地帮助孩子学习：每个父母都应知道的77项教育知识	9787515368092	59.00
学习的科学：每位教师都应知道的99项教育研究成果（升级版）	9787515368078	59.90
学习的科学：每位教师都应知道的77项教育研究成果	9787515364094	59.00
真实性学习：如何设计体验式、情境式、主动式的学习课堂	9787515363769	49.00
哈佛前1%的秘密（俞敏洪、成甲、姚梅林、张梅玲推荐）	9787515363349	59.90
基于七个习惯的自我领导力教育设计：让学校育人更有道，让学生自育更有根	9787515362809	69.00
终身学习：让学生在未来拥有不可替代的决胜力	9787515360560	49.90
颠覆性思维：为什么我们的阅读方式很重要	9787515360393	39.90
如何教学生阅读与思考：每位教师都需要的阅读训练手册	9787515359472	39.00
成长型教师：如何持续提升教师成长力、影响力与教育力	9787515368689	48.00
教出阅读力	9787515352800	39.90
为学生赋能：当学生自己掌控学习时，会发生什么	9787515352848	33.00
如何用设计思维创意教学：风靡全球的创造力培养方法	9787515352367	39.80
如何发现孩子：实践蒙台梭利解放天性的趣味游戏	9787515325750	32.00
如何学习：用更短的时间达到更佳效果和更好成绩	9787515349084	49.00
教师和家长共同培养卓越学生的10个策略	9787515331355	27.00
★ 如何阅读：一个已被证实的低投入高回报的学习方法	9787515346847	39.00
★ 芬兰教育全球第一的秘密（钻石版）（《中国教育报》等主流媒体专题推荐）	9787515359922	59.00
培养终身学习能力和习惯的芬兰教育：成就每一个学生，拥有适应未来的核心素养和必备技能	9787515370415	59.00
★ 杰出青少年的7个习惯（精英版）	9787515342672	39.00
杰出青少年的7个习惯（成长版）	9787515335155	29.00
★ 杰出青少年的6个决定（领袖版）（全国优秀出版物奖）	9787515342658	49.90
★ 7个习惯教出优秀学生（第2版）（全球畅销书《高效能人士的七个习惯》教师版）	9787515342573	39.90
学习的科学：如何学习得更好更快（入选中国教育网2016年度"影响教师的100本书"）	9787515341767	39.80
杰出青少年构建内心世界的5个坐标（中国青少年成长公开课）	9787515314952	59.00
★ 跳出教育的盒子（第2版）（美国中小学教学经典畅销书）	9787515344676	35.00
夏烈教授给高中生的19场讲座	9787515318813	29.90
★ 学习之道：美国公认经典学习书	9787515342641	39.00
翻转学习：如何更好地实践翻转课堂与慕课教学（中国教育新闻网2015年度"影响教师的100本书"）	9787515334837	32.00
★ 翻转课堂与慕课教学：一场正在到来的教育变革	9787515328232	26.00
翻转课堂与混合式教学：互联网+时代，教育变革的最佳解决方案	9787515349022	29.80
翻转课堂与深度学习：人工智能时代，以学生为中心的智慧教学	9787515351582	29.80
★ 奇迹学校：震撼美国教育界的教学传奇（中国教育新闻网2015年度"影响教师的100本书"）	9787515327044	36.00
★ 学校是一段旅程：华德福教师1-8年级教学手记	9787515327945	49.00
★ 高效能人士的七个习惯（30周年纪念版）（全球畅销书）	9787515360430	79.00

您可以通过如下途径购买：
1. 书　　店：各地新华书店、教育书店。
2. 网上书店：当当网（www.dangdang.com）、天猫（zqwts.tmall.com）、京东网（www.jd.com）。
3. 团　　购：各地教育部门、学校、教师培训机构、图书馆团购，可享受特别优惠。
　　购书热线：010-65511272 / 65516873

如何成为高效能教师

作者：（美）黄绍裘　黄露丝玛丽
定价：89.00元

- 美国教师培训第一书
- 一套完整的高效能教师培训系统和教师核心素养提升解决方案
- 全球销量起400万册
- 超值赠送60分钟美国最专业、最受欢迎网络教学视频
- 200页网络版主题教学拓展资源

卓越课堂管理

作者：（美）黄绍裘　黄露丝玛丽
定价：88.00元

- 获中国教育新闻网2015年度"影响教师的100本书"奖
- 获2016年第25届上海市中小学、幼儿园"优秀图书"奖
- 一套高效管理课堂的完整体系，为广大教师提供50种有效的课堂管理方案
- 并示范高效能教师的6套开学管理计划，让学生通过严格执行50种教育程序获得成功。